JN234639

ロシア変動の構図

エリツィンからプーチンへ

下斗米伸夫 編

法政大学出版局

目次

I　エリツィン時代の終わり

第1章　エリツィン時代の終焉とロシアの自己決定

ボリス・エリツィンがロシア連邦大統領職から辞任したことに伴い、彼の統治を評価するという問題が生まれた。彼がアレクサンドル・ネフスキーやピョートル一世のようなロシア史の英雄に加えられるのか、逆に「動乱時代」のツァーリの一人として、取るに足らぬ一群の中に加えられるのかは問題ではない。エリツィン時代の諸結果を最大限正確に評価することが、国にとっての最良の発展進路を決定する上で大きな意義を持つことなのである。エリツィンによって敷かれた道をこれから先も歩むべきであろうか。逆に、彼は誤っており犯罪的でさえあったと宣言し、急激に国家政策の「ハンドルを切る」べきであろうか。おそらくは、第三の解決策を選択すべきであろう。つまり中国の例に倣い、引退した指導者の成果と失敗とをパーセントで表示し、それを基礎として彼の体制から何を保持する必要があり、何を放擲すべきかの結論を出すべきであろう。

このことに、国民とロシアのエリートがいかなる選択をするのか、そして対日関係をも含む国際舞台での国家の将来の進路も懸かっているのである。

エリツィン統治の時代、あるいは時期と呼ぶものを偏りなく評価するためには、その前に行われたゴルバチョフ政治の諸結果とエリツィン時代のそれとを比較すべきである。それは、二人の指導者の意図や綱領的声明は除外し、「善‐悪」、「成果‐不成功・失敗」という尺度による評価に頼ることなく、単に両者の政権期間中の結果を記録した表の助けを借りることで難しいものではない（次頁の表参照）。

二人の指導者の間には、常にある比率で継承と断絶とが存在している。そのことを評価することは、通常ではない、落ち着きを取り戻した政治的現実を有する二つの段階、わが国に七〇年間存在した社会機構を一変させ、「冷戦」の終焉、ヤルタ体制の解体、二極的国際秩序から多極的秩序への移行をもたらした嵐のような大変動、革命的変化の時代が問題となっている以上、特に重要である。

ポスト・ペレストロイカの時代、深刻な退却（一九九三年の最高会議での砲撃事件、一九九六年のエリツィン再選に際しての選挙法の乱暴な侵害、主要なテレビ局や一連の新聞の寡頭制集団による独占など）の後であるにもかかわらず、民主主義的諸制度と政治的自由とは維持された。一九九九年一二月に行なわれた議会選挙と二〇〇〇年三月二六日に実施の大統領選挙は、ロシアにおける合法的な政権委譲の確立への期待を強めるものである。

エリツィン体制は、社会保障システムを清算しようと若干は試みた。にもかかわらず、国民の圧力のもとで、民間の教育、医療施設と並んで、切り縮められた形態ではあるが、無償の教育と医療サービスを維持することを余儀なくされた。

二人の統治の主要結果

M. C. ゴルバチョフ(1985〜1991年)	B. H. エリツィン(1990〜2000年)
・自由選挙 ・活動する議会，権力分立 ・ソ連邦共産党による政治的独占の放棄，思想的，政治的多元主義 ・言論，良心（信教）の自由，他の政治的自由 ・一元的国家の連邦国家への刷新を目的とした新同盟条約の準備 ・非軍事化，アフガニスタン戦争の停止 ・欧州での核ミサイルの対峙状態の解消，戦略核兵器の縮小の第一歩 ・中国，日本，韓国，他の諸国との関係正常化 ・ドイツ統一，ワルシャワ条約機構の解散 ・ソビエト連邦のIMFとEBRDへの加入，「サミット」参加，OSCEパリ憲章調印 ・リトアニア，ラトビア，エストニアの分離 ・ソ連邦の崩壊	・ロシアの独立宣言 ・1991年8月クーデターの鎮圧 ・ソ連邦解体に関するベロヴェージ三国協定調印 ・ルーブルの国内兌換の実施 ・消費市場の充足 ・民営化，約70%の国有財産の株式会社，個人所有者（「新ロシア人」，巨大独占資本家）への譲渡 ・ソビエトの廃止，地方自治機関による代行，主体の長として大統領と知事からなる連邦の創設 ・1993年のロシア・連邦共最高会議の砲撃，ロシア連邦憲法制定 ・チェチェン戦争（1994〜1996年，1999〜2000年） ・ロシアのクリミアとセバストーポリの放棄を規定したウクライナとの条約 ・ルーブルの通貨レート（1ドルに対して6から24ルーブルへ）と生活水準の4分の1への下落をもたらした1998年8月の債務不履行 ・NATOとのパートナーシップの確立，欧州議会，ASEAN，ロンドンとパリクラブへの参加， ・ボスニアとコソボでの調停活動への参加，OSCEイスタンブール・サミットでのヨーロッパ憲章の調印 ・ロシアとベラルーシの同盟条約締結

対外政策の方法論、立案、実現における本質的な差異にもかかわらず、継承面は、国際経済、政治機構へのロシアを統合する方針を継続し、密接な協力、その可能な相手としてアメリカ、統合ヨーロッパ、中国、インド、日本、そのほかの諸国とパートナーシップを求める努力として現われた。ただし、国連の機能を簒奪しようとのNATOの試みにエリツィンは抵抗した。

ソビエト連邦よりもはるかに脆弱な二〇〇〇年のロシアは、ソ連の世界情勢への影響力の十分の一も利用していないが、「新思考」政策の基礎的原則は維持されている。その目的は依然として、平和、そして独立諸国家と複数の勢力圏の利害均衡を基礎とした地域と全世界的な安全保障システムの強化である。新たな軍事ドクトリンは許容されている核戦力の行使する敷居を低くしてはいるが、優先順位の原則的な置換を意味するものではない。仮に核軍縮の問題が再び議題にのせられるならば、モスクワのために遅滞するなどということがないだろうことは疑う余地がない。

ペレストロイカとポスト・ペレストロイカとの断絶は、何より経済分野で強烈に現われた。ゴルバチョフの目的は、国の工業と科学の潜在力や鍵を握る工業部門の国有の維持、民間セクターの認可と外国からの投資の誘引、ロシアを恒常的に世界の経済連関へと統合してゆくなかでの経済の近代化であった。このプログラムは鄧小平のコンセプトを想起させるものではあるが、これはそもそもの初めに中止され、成功の見込みがあったのかどうかについての判定を下すことを可能にするような資料もないのである。

エリツィンと彼の急進的・自由主義的な取り巻きは、同様にみずからの目標をロシア経済の近代化であると宣言した。そのための手段として一九九二年にガイダールが開始したいわゆるショック療法という外科手術が選ばれたのであった。中間段階に言及しないとすると、その結果は民族的悲劇へと一転してしまうものであった。ロシアは発展途上諸国、加えてその中でも最も繁栄していないグループに移行した。工業生産力や他の経済領域の破滅的な低下が、生活水準の急激な低落をもたらし、国の人口は年ごとに一〇〇万人減少している。国連の専門家の評価によると、知的潜在力に関しては世界で七一位へと転落してしまったのである。

ロシアはいかなる道を国内発展と国際情勢において選択する公算が大きいのか、このことが、カーネギー財団の支援のもとでゴルバチョフ財団が実施した研究調査の対象となった。その結果報告は二〇〇〇年五月に公刊された。手短にいえば、結果は以下のようにまとめられる。

ロシア社会は、最も苛酷な経済的、社会的危機の重圧のもとで二一世紀に乗り出すことになるのである。問題は精神的動揺を併発していることである。つまりソビエト連邦の崩壊の結果としてイデオロギー上の目標が失われ、生じてしまった真空は今のところ埋め合わされていない。不安定で、政治システムの衝撃から守られることもなく、新たに、加えて急速に変化した国際環境を伴いながらも、ペレストロイカとエリツィン改革の後に少し落ち着いた社会機構という諸条件のもとで、国民的目標を新たに定義する必要に迫られているのである。

過去一〇年で、ソビエト社会主義的、本質的には権威主義・温情主義的社会制度モデルから自由・資本主義モデルへと移行した。この移行は完了にはほど遠いものであり、それはそもそもの初めから誤った目論見ややり方のまずさによって台無しにされてしまった。それでもわれわれの同胞は、二つの異なる社会・国家制度の利点と欠点とをみずからの体験として比較するという、稀有な可能性を受け取ったのである。

おびただしい多面的な印象に不意に捉えられた彼らは、急いで判決を下すようなことはしなかった。一方には素晴らしい獲得物、つまり輸入品を含む多量の商品、外貨を持ち、みずからの一存で移動し、移住し、余計な手続きなしに国外へ赴き、検閲による制限なしにあらゆる情報を次々に吸収する可能性があった。他方には顕著な損失、すなわち多年にわたる貯蓄が一度限りで清算されてしまい、社会保障や頼りになる最低生活費、個人の安全の喪失や失業という脅威があった。発達した市場経済の条件下での快適な生活をいまだ全く味わうこともなく、すでに、危機と不況の年月にアメリカ人が身をもって体験させられたような市場経済の欠点をわが身で体験しはじめた。

拙速な判断は絶えず淘汰され、当初の熱狂は鳴り止んだ。両極端な社会的集団がかなりはっきりとした形を取るようになった。一方は完全かつ無条件に起こった変化に「賛成」し、他方はそれと同程度に絶対的に「反対」した。そして両者の間には、今なお考え続け、しかしすでに在る現実に慣れ、社会主義か資本主義かではなく、具体的な民族的、社会的価値のための選択をしているおびただしい数の人々がいるのである。

仮に、この要素こそが決定的役割を演じ、マージナルな、あるいは「外国の」何者かの意思が社会に押しつけられていないのだとすると、ロシアの世論は現在何に向かいつつあるのだろうか、国の命運はどうなってゆくのであろうか？

社会・経済的選好。一般的結論としては、社会主義的分配の諸原則の保持への変わらぬ憧れが挙げられる。まず第一に、無償の義務教育と保健、保証された最低生活費と就労斡旋である。しかしながらこの志向は、ソビエト・モデルへの回帰を前提とするものではない。市民の九〇～九五％は改革の産物を否定的に評価しているが。

圧倒的多数は、取捨選択的アプローチ、一種の「個人的収斂モデル」を目標に置いている。むろん、評価は市場経済の成功と不成功、社会的テクノロジーの有効性、権力と反対派の情報・宣伝活動次第によって変化する。しかしそれでも、社会的保護、公正、平等への志向、集団的価値への堅固な忠誠が、ロシアの人々の政治的意識の支配的特徴として、そのまま残っているのである。こうしたことが、国民の本性の中に植え付けられ、遺伝学的性質を帯び、多くの歴史家や哲学者が認めているように、しっかりと身についた七五年の「社会主義的実験」の結果なのである。やはりロシア社会は、消極的にか積極的にか、補償のメカニズムや「社会主義的オーラ」を伴わない私有制・資本主義的諸制度の定着には抵抗するであろう。どこか「スウェーデン式社会主義」を目標としているかのようではある。

政治的選好。ロシアには民主主義の基本セットがある。すなわち普通選挙、権力分立、多党制、市民権、地方自治、良心と情報伝達の自由である。しかしながら、これらの民主主義の制度と原則とはかなりの程度形式的であり、歪曲されている。部分的には、専制という根付いた歴史的伝統、市民社会の未発達、高いとは言えない政治文化のためであろう。だが主たる原因、それは権威主義的方法の統治と否定的プロセスのコントロールや、犯罪・汚職の抑制、分離主義との対決における無能さが逆説的に調和していたエリツィン体制の政策である。急激な国家の弱体化と並んで、この政策によってもたらされたのは、多くの市民の意識の中で、民主主義という概念自体への不信となり、秩序をもたらし、国を危機から脱出させる「鉄の手」に対する希望が復活したということであった。

最近行なわれた社会学の調査（その中にはわれわれの研究プロジェクトの事項も含まれる）は、社会的、特に国家的制度に対して市民の信頼がはなはだ低いことを証明している。ロシアにおいては、他のいずれの国に比べても、政権への尊敬は国家首脳個人への態度によってより大きく規定されている。賢明で活動的、無条件に立派な人物がこのポストを占めることのないうちは、社会からの愛国的衝動や熱狂を期待することは無益である。こうしたことからも二〇〇〇年三月の大統領選挙は、国の命運を左右する意味を持っていた。

全体としてロシアの世論は、個人崇拝に関する半世紀間の討論や共産主義的価値と自由主義的価値の間での際限のなき狂奔の後、あらゆる点から判断して、穏健な権威主義、または「指導された民主主義」と称せられるようなものを偏重する傾向がある。世論は秩序をもたらす「強力な手」を呼び寄せる準備ができているのであるが、独裁者が国に重荷を負わせることを望んでいるのではない。社会的平等やそれと結びついた同志的雰囲気を懐かしんではいるが、そのために見いだした政治的自由を手放すつもりはない。これらの逆説的衝動は歴史的現実が示したように、やすやすとはいかないとしても結びつくことは可能である。みずからの苦難に満ち満ちたあらゆる経験によって、ロシアは民主主義へと導かれ、民主主義を苦難の末に得たのであり、たとえ押し退けられようとしてもロシアがその道から外れることはない。

地政学的選好。世界的舞台でロシアがみずからの地位を選ぶことは自分勝手には実現されない。かなりの程度、領土規模や、人口、天然資源、歴史、国際的な勢力配置によって予め定められているのである。しかしいかなる客観的状況下でも非常に多くの事柄が、公式に採択され、社会的合意事項となりつつある政治的方針にかかっている。

主要な資金と努力を何に振り向けるべきか、大国たる威力の強化か生活水準の向上か、国際的コンサートでの最上位の役割を狙うべきか、諸国家の合唱団の中で控えめな立場に甘んずるべきであろうか？仮に、同時に両方の課題を解決できる可能性があるにせよ、そのこととは別に何かを犠牲にして選択しなければならない破目になるということがあるのである。この二者択一は、かつて日本もそうであったように、今ロシアにとって具体的意味を持つようになった。ロシア社会はソビエト連邦の崩壊に伴い、ショックと屈辱をすでに経験した。超大国としての地位は、ロシアにとって一つの徴標、すなわち核戦力の所有という点でのみ保持された。しかしきわめて困難な経済状況、政治的不一致はあるものの、国は今もって過去の威力の復興に投入可能なエネルギーの蓄えを有している。原理的には、たとえ帝国からの復讐の思想に取り憑かれた勢力が権力へと雪崩れ込もうとしているのだとして、そうした路線が国に押しつけられる可能性を除外することはできない。

同時に、大多数は帝国の道に回帰することには反対しているということを立証する多くの証拠がある。民主主義の諸制度が正常に機能しているならば、そうした種類の試みは斥けられることになるであろう。

社会学の調査によれば、国民は偉大な構想やそれと結びついて劣らぬ巨大な衝撃のないノーマルな生活への強固な志向性を示している。

帝国への野望を拒絶するということは、主要な経済的、社会的指標において世界の主要な国家集団に加わろうという企てを妨げるものではない。このことは軍事力の集積によってではなく、科学や国民教育、現代的テクノロジーの分野で新たな突破口を切り開くことによって達せられるものである。科学界、政界で支配的な意見によれば、歴史的伝統と民族的特性を考慮に入れたポスト工業化を基礎とするロシア経済の近代化を経済的変化の目的とせねばならない。

世界の経済連関のシステムへの参入戦略もこの目的達成のために従属させるようにしなければならない。近年実際に、この課題のために燃料・原材料を用いた解決案が現実化しつつある。今のところ、ロシアは世界市場に対して、ガス、石油、非鉄金属や若干の鉄類、化学肥料、木材、用材以外の何物も提起していないのである。短期的には、大規模な天然資源の販売なしにやってゆくことはできない。しかし長期にわたりこのことだけで持ち堪えることもできない。

ロシアの世界市場参入にあたり、いわゆる「工業化」案、すなわち先進諸国の援助を得て現代的な製品を製造するためにロシアの工業力を利用することも提起されている。こうした経験は多くのアジアやラテン・アメリカ諸国が有している。しかし既製品市場においては最も激しい競争があり、外国の資本とテクノロジーがロシアへと直行することはない。

科学界、政界ではロシアを東西間の輸送・情報伝達の橋梁へと転化させるという思想が流布されている。もちろん、陸海空、宇宙での現代的情報伝達システムの建設によって、国は世界経済に対する重大な貢献をすることが可能になる。しかしおそらくは、こうした方法だけでロシアが一連の先進諸国と同等のパートナーとして並び立つことができるようになるわけではないであろう。

独自のポスト工業化経済の発展を通じて、世界経済へロシアが参入するという案が最も望ましいものとみなされている。ユニークな科学・テクノロジー面の潜在力は軍事産業委員会、科学アカデミー、分野別の科学研究所に集中している。ロシアで養成された熟練スタッフは迅速に現代の諸条件に適応する能力を持っている。比較的高い住民の普通教育水準も無視するわけにはいかない。もちろん、ここ一〇年で国の科学・技術コンプレックスには深刻な損害がもたらされたが、しかし今のところ現代の水準へと脱け出す可能性は維持されている。

他の重大な戦略的自己決定の問題がある。すなわち、誰と歩むべきかということである。NATOの東方への進出、世界におけるアメリカの独占的覇権を前にした危険は、平衡錘の探求ということを惹き起こした。外交レベルでは、さまざまな枢軸（モスクワ―ベルリン―パリ、モスクワ―北京―デリー）形成の試みが着手されている。こうしたすべての小細工は世論の真剣な共感を得てはいない。ベラルーシ、ウクライナとの同盟に対しての変わらぬ欲求以外に、ロシア社会には他の公々然たる優先項目はないのである。

ユーラシアというコンセプトは今までにない人気を獲得した。ロシアの精神性には誰の影響がより強く現われているのか、ヨーロッパなのかアジアなのか。またロシアはどの程度自立した独創的な文明を代表しているのか、という論争は脇に置いておいて、われわれは注意を「ユーラシアの謎」の地政学的な局面に集中させよう。すなわちロシアはこれから先、自立した勢力圏の中心たることを狙うことになるのであろうか、それとも形成されている強大な連合（NATOへと統合された西欧、中国、インド、集結中のイスラム世界、他）の一つに「自治権を持つ同盟者」として加わることを余儀なくされてしまうのであろうか？　明らかにこれらの連合は皆、ロシアが他の連合に仲間入りすることを許容しないということに最低限の関心があるのである。こうした予測は、東西間の仲介者的、調停者的使命を果たすというチャンスをロシアに与えるものである。

勢力圏のうちでの、一つの無力な衛星国へと転化するのでもなく、まして「ソビエトの遺産」の分割が完遂した後に「ロシアの遺産」を分割するのでもなく、まさにこうした役割こそがロシア自身、そして全世界の利害に合致するものではないだろうか。このためにロシアは、堂々たる、しかし今までのような圧倒するようなものではない軍事力を維持しなければならないし、対外政策においては国連の役割や国際関係上の民主主義的諸原則の強化に重点を置くようにしなければならない。

次に来たるべきモスクワの対外政策ドクトリンは、多くの点で合衆国、総体として西側の「ロシア」政策にもかかっている。ロシアをヨーロッパのはみだし者へと転化したり、「近隣の外国」から追い出すことはロシア自身にとっても、世界にとっても破滅的な戦闘的民族主義の報復的反応を促してしまうだけになりかねない。

他方で、民族的利害が成功裡に守られ、より理性的で公正な世界秩序の形成に応分の貢献をするために、ロシアは政治的、経済的に魅力的になる必要がある。換言すると、ロシアにとって、また他のあらゆる国家にとって最も説得力ある論拠を自分自身の中でこれから近いうちに見つけ出さねばならない。

第2章 エリツィンからプーチンへ——ミレニアムの政治転換

はじめに

一九九九年一二月三一日、ロシア連邦最初の大統領、ボリス・エリツィンは任期を半年残して辞任すると表明した。憲法の規定に従って、かねてから後継者と表明していたプーチン首相に大統領権限を移した。こうして、九〇年六月にロシアの主権を宣言し、翌年最初の民選大統領となってソ連崩壊を主導、市場移行を推し進めたエリツィンの時代は終わった。ロシアの政治経済体制は二一世紀をめざして新たな段階に入ったと考えられる。

二〇世紀のロシア政治史上、クレムリンの最高権力者が憲法やルールに従って自発的に辞任する例はかつてなかった。「文明的な権力の移行」を口にしてきたエリツィンにとって名誉であり、ロシア政治の安定化を促すこととともなった。もちろんエリツィンは、このために辞任したのではなく、自己の病状、歴史における名声、そして「小文字の」つまり自分の家族のことを考えたにすぎないとしても。

エリツィン辞任の背景

エリツィン大統領の歴史的評価はまだ早いとしても、彼の辞任の事情、評価も分かれている。突然の退出が何によってもたらされたのかは、今後のロシア政治の行方を左右する論点であるが、不分明な部分が多い。辞任表明が彼自身の意図なのか、それとも強いられたのかも論争となった。一部には、いわゆる大文字で「家族」とよばれた金融寡頭集団、つまりオリガーキーなどの圧力による解任劇である、と推測する説もあった。

しかし多くの論者はこの見解を否定し、エリツィン自身の主導であったと推測する。なかでも注目される論文は、『独立新聞』に掲載された「新年作戦」(一月六日)という編集長トレチャコフの論文である(1)。これによると、エリツィンはこの一年半以上、辞任するタイミングをはかって後継者を模索していた。なかでも彼にむけられた三つの批判、つまりソ連崩壊、ロシア崩壊、共産党復権の可能性を作った、という批判をかわすため、異論のないわけでなかった治安官僚出のプーチンを後継者とし、一二月一九日の下院選挙でのクレムリン与党支持勢力の勝利をみて、引退を決意した、という。

逆に言えば、九八年金融危機のあと、議会の支援で首相となったプリマコフやその政治勢力、祖国・全ロシア(OVR)がエリツィン一族周辺の腐敗への批判を強めていることを危険視し、この勢力の分断に成功したことも背景にあった、という。こうした流れの中で、後継政権は強い国家をめざし、「操作可能な民主主義」へと向かおうというのが、トレチャコフの考えである(2)。もちろんこの説ですべてが説明できるわけでない。たとえば九八年三月のチェルノムイルジン首相更迭から実に一年半で五人も代わった首相人事に一貫性があったとは考えにくい。それでも、エリツィン引退のシナリオとして、このような背景があったことは考えられる。

他方、九〇年代に新生ロシアの課題としてきた民主化と市場改革とは、うまくはいかなかったと評価せざるをえない。このことをもっとも自覚しているのはエリツィン自身である。辞任演説では「明るい未来に一挙には行けなかった」ことを国民にわびている。

ショック療法と呼ばれた急速なロシアの市場改革論は、その理論の指示するとおりには実現されることはなかった。それどころか、国民総生産はこの八年間で半減し、アメリカの十分の一となった(3)。国家財政にいたってはアメリカの五〇から一〇〇分の一、東京都財政の半分以下でしかない。民営化は、汚職と腐敗のなか、国有資産を新旧エリートで分割するものでしかなかった。何よりも九八年八月金融危機で通貨安定を基礎としたそれまでの路線は破綻した。

ロシアでの一月初めのある世論調査でも、エリツィンにたいし、六七%が肯定面より否定面が多いと評価し、反対に肯定的というのは一五%であると伝える。なかでも四割が経済の後退を理由としてあげている(4)。

同時に、ポスト・エリツィンの問題は、国際社会にも多くの課題を提起している。九二年前後に、典型的にみられたロシアの国際社会への急速な統合論、とくに市場経済へのショック療法など市場移行、これを支えてきたＩＭＦなどの国際機関による、いわゆる「ワシントン・コンセンサス」は、九八年八月金融危機で欧米でも守勢に立たされていると考えられる。ロシアでもダイダール元首相代行など、いわゆる右派勢力は、プーチン政権に対して支持を表明しているものの、いまや反対派の立場にあるかに見える。世界銀行、国連開発計画などの国際援助機関でも、移行論への批判が高まっている。(5)

もっともこれに代わるシナリオも見えてこない。こうしてプーチン政権は、西側の対ロ関係でのコンセンサスが欠如した状況下で登場している。この意味でもロシアをめぐる争点は、西側世界の大きな論点となっている。このようなポスト・エリツィンへの問題を整理するのが、ここでの課題である。

エリツィン体制の危機

移行の危機

しかし、ここで議論すべき課題は、エリツィン引退やプーチン政権誕生そのものでなく、このような変動を招くこととなった理由、性格とは何であり、これらは九二年以後の市場化・民主化との関係でどう説明されるべきか、という論点である。

アメリカの政治学者T・グスタフソンは、近著『ロシア型資本主義』の中で、九〇年代のロシアを理解するパラダイムとして、「移行」論と「崩壊・奪取」論とがあると指摘する。

前者は、新古典派経済学をベースに、マクロ安定化論と民営化論を内容とするモデルであって、急速な市場への移行を課題とする。ロシアではガイダール首相代行らによる「ショック療法」として著名となったが、ハーバード大のサックス教授らが提唱、IMF、アメリカ政府の援助政策に影響を与えた。

もっともこの考え方は、最終的には九八年八月の金融危機で打撃を受け、欧米でも批判された[6]。

他方、ロシアで生じたことを理解するもうひとつの「崩壊・奪取」モデルでは、この一連の変動の起動因は、ソ連エリートであった共産党ノメンクラツーラによる国有財産を民営化する試みであった、と理解する。ペレストロイカとソ連崩壊で自由化され、権限を得た管理者たちが、国有財産をprivatizat'（民営化）するのでなく、prikhvatit'（奪取）し、統制下においた、というものである。そこから「強奪的資本主義」の性格が生まれたという。理論的分析というよりも、現実にロシアで生じた過程を印象風に考察するアプローチである[7]。

このようなアプローチの違いは、個々の局面や主体の評価の差異につながる。前者からすれば、九三年末の新憲法採択、新旧議会の再編成を挟んでの政権反対派は、頑迷な共産党系保守派にほかならない。しかし後者の観点からすれば、社会的公正さを欠いた新旧エリートによる国有産業の「民営化」に対する社会的批判を背景とする。

この結果現われた、いわゆるオリガーキーという金融寡頭集団は、前者からすれば市場改革への、過渡的な要素もあるが、積極的な担い手である。しかし、後者からすれば国有資産を横領、私物化するものに映じる。

逆にこれに対する統制を強めようとする国家・治安機関の動きも、評価は正反対になる。民営化の過程では、内務省などが、しばしばその違法性を問うてきた。民営化担当大臣のコフの回想『ソ連帝国を売却する』（一九九八年）でも、多くの妨害が司法・治安機関からなされたと指摘する[8]。しかし民営化の

「逸脱」に対する批判は根深い。[9] これらの民営化についての司法・治安機関の役割という論点は、プーチン政権の性格と方向を占う基準点ともなる。

もちろん、両者の観点は完全に排他的というわけでない。そもそも次元が違うともいえる。一方は経済学のモデルであるが、他方はより経験的、印象的な分析である。ハーバード大学のロシア専門家コルトンも指摘しているように、経済学教科書を引き写ししたような単線的移行論も、実際は複雑で迂回した経路をたどることがわかった、という理解もある。また移行論は、多くマクロな市場経済からの観点を、他方「崩壊・奪取」論は、ミクロな実体的担い手に着目した議論である。とくに九八年金融危機以降は、九九年のニューヨーク銀行での「資金洗浄」疑惑をふくめ守勢に回され、後者の観点が次第に浸透し、前者はついに欧米での「誰がロシアを失ったか」という論争にまで至っている。[10]

だが実際には、九〇年代後半までに浮上し、現在に至るロシアの政治経済体制は、何か単一のモデルから説明できるものではなく、崩壊と創始、保守と革新の混成した体制であった、というべきである。[11]『ボリス・エリツィン体制』を書いた政治学者リリヤ・シェフツォワもまた、エリツィン体制とは、民主主義、権威主義、少数寡頭支配のハイブリッド体制であると指摘している。[12]

経済面でも、軍事産業部門などの旧ソ連国有経済の残滓と、金融、サービスなどでの新興市場経済の台頭、そして石油・燃料エネルギーなどでのノメンクラツーラ民営化型企業、そしてバーター取引が主要な金属機械などでの「バーチュアル経済」、マフィアの地下経済、などが混在したものが現出した。

こうしてエリツィンの法的、表面的には強大な権力と、実際の病弱で無答責任な履行との懸隔、首相の頻繁な交代、地方知事などのますます強まる力と中央との確執、二極分解した市民社会のもとでの中産階級の没落、市民社会をささえるNGOの未発達と政党組織の弱体、アモルフな選挙ブロックの離合集散、といった側面が顕著であった。

先のグスタフソンによる第二の観点も、国家の崩壊という側面をまだ十分考慮していない。政治・経済・社会の全体を包含した巨大なソ連国家は、ペレストロイカ、崩壊で、民主化、非集権化、分断化によって分解の度合いを強めた。中央から末端に至る主権のパレードはこの法的表現であった。エリツィンのロシアもまたこの側面を進めたものの押しとどめなかった。

市場ではなく国家が本来担当するべき領域、とくに安全保障、治安、社会保障、教育、医療といった側面での急速な指標の悪化は、この崩壊の結果であった[13]。エリツィン体制は、この面で最後まで手段を執らなかった。

この中央権力の崩壊現象は、二つの政治主体に新たな機会を提供した。いわゆるオリガーキーと地方権力とである。前者の基盤となった中央経済官庁・企業の自立と民営化、後者を促進した地方エリートの自立が、エリツィン体制下で促された。

その意味では「強い国家」を標榜するプーチン政権の最初の企画が、チェチェン問題など安全保障だけでなく、オリガーキーや地方勢力との関係でもあることは、国家再建の問題が重要であることを暗示する。

オリガーキーの支配、台頭から再編成へ

こうしたなか、九〇年代、とくに後半に政治的にも顕著であったのは、金融・情報などを掌握し、石油など輸出産業に影響を行使するため権力にかかわる、いわゆるオリガーキーであった。ここではこの用語を、金融産業集団全体と広義に理解するのではなく、政治に傾斜し、権力に関与する集団として理解する。

彼らの台頭に大きい影響を与えたのは、九五年からの金銭民営化、「担保オークション」による結果であった。ノリリスク・ニッケル社の売却のように、優良国有資産を安価で、一部オリガーキーに引き渡すメカニズムと化した。このために不人気だったこの施策は、九五年一二月下院選挙での政権党の不振で後退したかにみえた。

このこともあって政権への影響力を確保するため九六年春、オリガーキーはエリツィン再選に決定的に取り組んだ。こうして支援をうけて再選を果たしたエリツィンは、彼らの政権への食い込みを許した。いわゆる「仲間うちの資本主義（Crony Capitalism）」を絵で描いたような体制が出現した。九八年八月の金融危機はこのもとで市場改革がたどりついた結果であった。

なかでも、犯罪革命と呼ばれるほど、国家資産をめぐるオリガーキーの台頭が強まった。九七年のスビャージ・インベスト社をめぐる一部企業への特権供与、銀行間の戦争は政権腐敗をさらに深刻化させた。九八年八月の金融危機は、それまでの市場経済への内外の不信を決定的にした。なかでもオリガーキーの影響力を弱め、少なくともその再編成を促した。オネクシム社、SBS・アグロ社などの銀行は

破産状態に陥った。しかし彼らは影響力を失ったわけでなく、九九年一二月議会選挙後のオリガーキーの影響を論じた論文は、依然として彼らが強く権力と関係を有していると論じている[14]。

他方、中央権力の弱化によって、知事・大統領など地方権力は政治経済上の影響を強めた。事実九九年一二月議会選挙で最大の焦点は、オリガーキーの政治的分化と並んで、地方勢力の再編成であった。プリマコフ・ルシコフ派の「全ロシア」、急進改革派チトフ知事の「ロシアの声」といった地方勢力が、ひ弱な政党にかわって「選挙ブロック」を組んだことは、中央・地方関係が最重要課題となったことを示している。同時に、あらかじめいっておけば、チェチェン・カンパニアは、九四〜九六年同様、より強い権力を望む地方勢力に対するプーチン政権の強い意図をも示していた。

権力の移行か変動か

エリツィン政権の隘路

九九年までに、エリツィン体制は政治的行きづまりに直面していた。当面した問題を列挙すれば、

(1) エリツィンの統治能力や人気のなさ。人口の八割以上が大統領にマイナス評価を下した。

(2) クレムリン政権の頂点から末端に至る腐敗。なかでも醜聞事件は国際問題と化し、スクラトフ検事総長が、ベレゾフスキーなどオリガーキーの一部、「家族」の摘発をはじめた。ニューヨーク銀行での資金洗浄醜聞やマベテックス社のクレムリン改装をめぐるエリツィン政権の腐

敗もまた問題化した。

(3) こうしたなか、クレムリンに対抗可能な反対派が政治の世界に登場した。プリマコフ首相は初めて議会との合意のうえでの統治体制をつくり、エリツィン体制からは距離をおいた、はじめての政府を運営し、金融危機の沈静化に成功した。

(4) プリマコフは解任後、同じくクレムリンから距離を置くルシコフ・モスクワ市長と政治ブロック、祖国・全ロシア（OVR）を作り、タタールスタン大統領シャイミエフ、ヤロスラベリ州知事リシーチンなど地方を中心に支持をのばした。

(5) NATOが新ユーゴ空爆に踏み切ったコソボ問題では、東方拡大の合意であったロシアとの協議は機能せず、その政治的国際的立場の弱体化が目立った。

(6) こうしたなか、九八年からの二年間で首相がチェルノムイルジン、キリエンコ、プリマコフ、ステパシン、プーチンと五名も代わる異常人事で混乱を引き起こした。

エリツィンを支えてきた勢力が当面した以上のような課題に対する、いわば退出（Exit）として、エリツィン辞任に至る九九年秋から冬にかけての辞任プログラム、そこでの政治勢力の再編成が計画された、とみるべきであろう。

第一は、チェチェンをめぐる紛争の激化への新たな対応である。その真相はまだわからないが、八月当初イスラム国家樹立を呼号したチェチェン側のダゲスタン侵攻に触発され、さらに九月のモスクワなどでのテロ行為をめぐる対立の中で、正規軍を投入した戦争再発となった。とくに、チェチェン側による国際機関要員を含んだ誘拐などによってロシア国内世論が大きく変わったことは、ロシア政府の強攻策を正当化するように思われた。同時に、コソボ紛争激化のなか、チェチェン問題は主権国家内の問題であるとして、モスクワは三月頃から強攻姿勢を強めていた。秋に草案がだされた「国防ドクトリン」案では、テロ対策が安全保障上の重要な課題となった。

第二は、これを指導する新首相プーチンの人気が高まったことである。内務省系で、チェチェン問題に消極的なステパシン首相に代わって、八月初めに首相となった、もと安全保障担当書記、KGBの東ドイツ要員だったこの人物は、またたく間に人気が上昇した。エリツィンの早期辞任説がたびたび流れ、大統領代行の任につきうるプーチンの役割を高めた。もっともいわゆる「家族」の中では、アクショネンコ副首相、ルシャイロ内相など首相交代説もなくはなかったが。

第三に、そのささえとなったのは同時に軍と軍事産業部門である。コソボ紛争では、ロシアが軍事改革に成功しえなかったことを示した。コソボ危機では、参謀本部はエリツィンを含む文民指導部に対して独自の対応を示したが、ロシア時代になって顕著となりはじめた軍の政治化を物語る。一九九五年選挙では、軍は独自の観点からロシア・ソ連史上初めて選挙に独自に参加した。九九年の議会選挙に参加しなかったのは、軍が非政治化したのでなく、軍自体が与党化したからとみるべきだ。軍での政権与党「統一」派への支持は、社会での二倍以上となった。コソボでは軍指導部と軍事産業部門の政治的不満が極点に達したことを示した。こうした背景がプーチン政権の誕生にある。秋の選択にもこの影響が投影された。

二〇〇〇年の軍事予算と軍産複合体への支持は、九九年の四〇億ドルから七〇億ドルに拡大した。[15]（国家予算は二五〇億ドル）。しかし劣勢を覆うため、核行使シナリオを強調する。九九年一〇月の「軍事ドクトリン」草案、そしてプーチン政権が二〇〇〇年初めに承認した安全保障ドクトリンは、九七年のそれを改訂したものであるが、一極支配、つまり米国への批判とならんで、核先制行使を強調したドクトリンを公表した。もっとも内容的には九七年版と同じである。[16]

第四は、ベラルーシとの連邦問題である。エリツィンに対する批判のひとつは、彼がソ連を崩壊させた破壊者だ、というものであった。ロシアでは九一〜九二年に国民投票もなく新国家に移行したが、いまでも三一％がこの点でエリツィンを批判している。

したがって、エリツィンは九六年四月のベラルーシとの共同体条約、九七年四月の連邦条約、九八年の統一強化と、ルカシェンコ大統領との間で政治文書を取り交わした。これには、ルカシェンコの権威主義的やり方を批判する民主化派からの批判もあったものの、この延長上に、九九年一二月には連邦条約調印を行なった。ちなみに調印の八日が、九一年のソ連崩壊を決定したベロヴェージ合意の日であったことに注目したい。

第五は、西側との関係の悪化であった。コソボでは平和調停者の役割を担わされたものの、その後も対米関係は悪化した。チェチェン紛争再開はこれを加速した。イスタンブールでエリツィン大統領は、クリントン大統領に、戦争に際しては核使用すらありうると、印象づけた。アメリカ・カナダ研究所のロゴフ所長は新冷戦という状況規定をあえて使った。アメリカ政府もまた、ＩＭＦの融資を凍結、緊張した関係は持続した。

ロシア下院選挙

次期大統領選挙への予行演習といわれた一二月一九日の下院選挙で、政権与党「統一」派が勝利した。チェチェンでの強硬姿勢、そしてクレムリンやこれを支持する金融集団の力の勝利であった。

「統一」派は、同じ政権与党といっても、政権内の不一致が目立った九三年末の「民主的選択」派、九五年の「我が家ロシア」などとは異なり、エリツィン系勢力が総動員された。この結果支持率は二三・三二%を超えた。この組織は九月末、政府系の三二知事を結集して創設された。指導者は、非常事態相のS・ショイグで、少数民族のトワ人出であった。[17] もっともこの集団には綱領的な一致はなかった。クレムリンは、行政、金融、経済のあらゆる回路をつうじてタテ、ヨコ（地方知事）への統制を利かせた。この選挙ブロックは、政府、プーチン支持党であった。[18]

クレムリンの政治目的は、エリツィン権力の継承にとって好ましくない中道派、なかでも地方勢力の一部を背景とした、プリマコフ元首相、ルシコフ、モスクワ市長らの「祖国・全ロシア」（ＯＶＲ）を解体することであった。彼らは反腐敗と現実的経済政策をかかげ、政権党の一部も流れ込んでいた。実際、ＯＶＲは九九年半ばまでは共産党に迫る世論の支持を誇示していた。[19]

一二月選挙の過程で、ルシコフ市長系自身、クレムリンからの攻勢の中で内部分裂となり、シャイミエフ・タタールスタン大統領などは、選挙中に方向転換し、選挙後はいち早くプーチン支持を訴えるなど分裂しだした。政府系マスコミは相当汚い情報戦を展開した。

それでも、OVRは投票では一三・三三%を超え、かろうじて生き残った。だが選挙後、この選挙ブロックは三つに分解し、その農業党、全ロシアなどはプーチン支援へ向かっている。祖国派も分裂気味である。結局二月初めには、大統領候補プリマコフは、大統領選挙を断念した。

もう一つの問題は、共産党である。四割近い議席を有していた共産党だが、第三回選挙の結果は政治的に停滞傾向を示している。二四・二九%と投票総数はのび、第一党となったが、他の左派は後退、提携先が減少した。一人区での議席は四分の一に低下した。共産党の経済綱領もまた穏健化し、執筆者で、急進改革派から愛国派となったグラジェフの現実主義が反映している。

急進改革派の右派勢力同盟は、九八年夏の金融危機後、通貨切り下げの効果、石油価格の高騰など経済も一応回復しつつあることもあって、九五年には五%以下の支持であったのが、九九年は八・五二%となった。これは、サマラ知事など地方勢力、チュバイス系の統一電力、アクショネンコ鉄道相らの資金力もさることながら、いち早くチェチェン戦争を支持して、愛国票を得たことも見逃せない。他方この点で割を食ったのは、当初有利とみられたヤブリンスキー派で五・九八%であった。都市の若手改革派はヤブロコの反戦的態度より、愛国派となった右派同盟に逃げたとみられる。政府系民族派の自民党もまた、票を食うとみられた統一派の急成長にもかかわらず、五・九八%と一定数を確保した。

オリガーキーは影響下のマスコミを動員した。また腐敗摘発からの不逮捕特権を求め、立候補した。この結果、ベレゾフスキーやアブラモビッチら有力オリガーキーが、不逮捕特権を持つ議員となった。

他方、五％を割った勢力では、女性党、年金党、急進的共産党系が目立った。

こうして新議会は前回と比較して、親クレムリン系と反クレムリン系が拮抗する形となった。党派分布は、六会派、三議員集団となった。共産党は九三名、これにたいし与党系統一は八一名、とほぼ相打ちとなる。中規模ではOVR系四六名、右派勢力同盟（CPC）、三二名、そしてヤブロコ二一名、と自民党一七名、とが拮抗するわけである。

重要な変化は、プーチン政権にたいし、共産党が野党から準与党に変わったことであろう。モスクワ州知事選挙につづいて、新議会の構成でも、大方の予想を裏切ってプーチン政権は共産党を支持した。新議長に共産党系のセズニョフがなった。共産党には、党機関を握るクプツォフら、親プーチンの潮流があったことも看過できない。委員会ポストも与党と共産党が共有する一方、OVRだけでなく、右派勢力同盟もはじき出された。

キャスティング・ボートを握る無党派議員は、選挙後新たに再編成され、人民代議委員五八名、そしてロシアの地域三九名、農工グループ三七名が形成された。地方勢力をくわえ込んで、新議会は九六年からの第二議会よりもっと与党系となった。

プーチン権力

大統領代行プーチン

こうして一二月一九日議会選挙で勝利したことが、エリツィン大統領辞任を可能とした。プーチン大統領代行は三月二六日と前倒しとなった大統領選挙に走り出した。このプーチンとは誰か。この問いに確たる答えはまだない[20]。一九五二年レニングラード生まれ、七五年に同大学法学部を卒業、国家保安委員会KGBの職員として東ドイツではたらいた。九一年恩師ソプチャークが市長となるにともない、サンクト・ペテルブルグ市政に従事したが、市長選敗北とともにモスクワに移り、九六年半ばから大統領府事務管理部次長であった。ちなみに部長ボロジンは、クレムリンの膨大な資産管理にあたり、エリツィン醜聞事件に関与している。九八年七月にFSB長官、九九年三月から安全保障会議の安全保障会議書記を兼ねていた。

過去の経歴からは二つの推測が可能である。ひとつは、彼がエリツィンを支えてきたオリガーキーの、いわば操り人形であるというものである。プーチン自身、「国家とオリガーキーは市場の主体として良好な関係をもうけなければならない」と指摘している。こうしたことから、評論家のピオントコフスキーなどは、「強奪資本主義の最終段階としてのプーチン」と、酷評した。彼のシンク・タンクにもアベン、チュバイスなど、オリガーキーの関与が取りざたされる。

けれども、プーチンの初期の人事政策では、限定的に「家族」、オリガーキー勢力へから距離を取る傾向もある。エリツィンの次女らがクレムリンの役職から辞任し、またボロジン大統領府長官が離れた。後者はクレムリンの膨大な資産管理で醜聞も絶えなかった。また彼の経済面での発言には、より国家の統制を重視し、オリガーキーとの関係にも抑制と監視を示したものもみられるのも事実だ。何よりも彼の出身母体にも市場の抑制示すものがある。「債権オークション」民営化、とくに石油企業での民営化の一部でも見直し論がある。

他方、九八年八月以降の輸入代替型の経済好況は、フリステンコ第一副首相も指摘するように九九年秋までに終わっていた。新たな投資は、海外逃避分を含むオリガーキーに期待せざるをえない。その意味で、個々のオリガーキーの命運はともかく、総体的には協力せざるをえない。

プーチン権力と課題

プーチン代行の現在の課題と優先順位、なにより政治経済改革をめぐる理念はまだ曖昧で、明らかではない。プーチンは市場経済を発展させるという一方、国家の役割を強化すると、左右双方の政治勢力にたいして呼びかけているが、その細部は曖昧である。大統領選挙でも極力、政策表明を避けている。あえて言わないことを誇る節さえある。それゆえ、各自各様のプーチン像が描かれがちである。

それでも探る手がかりがある。年末に発表された「新千年期の新課題」という文章がそれである。ここでは、三点が出されている。第一は、強い国家への関心である。第二はロシア的理念、そして第三に効果的経済、ということである。

なかでも国家主義的傾向、強い権力への志向は顕著である。エリツィン権力で肥大化した大統領権力について、多くの学者の提案に反して、憲法改正を行なわない点を明らかにしている。この意味ではリベラルな法律改革は拒否している。

経済改革に関しても、国家の統制強化が顕著である。ポスト産業社会にむけた情報革命への対応といった認識が顕著で、一五～二〇年計画で新たな改革を推進せよと訴える。①経済成長、②産業政策、③構造政策、④財政、⑤国際統合、⑥闇経済反対、⑦農業政策重視、といったことが注目される。

このようなプーチンを支える集団として、世代的には五〇年代前半に生まれた、四〇歳代後半から五〇歳台前半のエリートが浮上していることだ。つまり九〇年代初め、五六年生まれのガイダールら、当時三〇歳の急進若手政権が生まれたが、そのときすでに四〇歳台となっていた、少し上の世代である。つまり、プーチン（一九五二年生まれ）、内相ルシャイロ（五三年）、非常事態相ショイグ（五五年）、元首相・内相ステパシン（五二年）、安全保障会議書記S・イワノフ（五三年）、らである。外交ではI・イワノフ（四五年）、大統領府儀典長となったラフマニン（五三年）、大統領補佐官ヤストレジェムスキー（五三年）なども ある。シンク・タンクにはG・グレフや経済学者ヤーシン、G・パブロフスキーらがある。

しかも世代だけでなく、政治キャリアでも特異性がある。エリツィン政権末期に台頭していたシロフキと呼ばれる治安、軍事、国防産業系の人材である。ちなみに新議会でも中心世代は四〇歳台後半から五〇歳台前半が多数となっている[21]。

何よりも政府との関係では、人事異動で顕著なのは、カシャノフ（一九五七年）を唯一の第一副首相に据え、副首相には選挙で活躍した非常事態相ショイグをあげた。他方、オリガーキー系のアクショネンコは降格されたが、閣僚会議の幹部会には残った。チュバイスら右派勢力同盟（SPS）系の人事がなかったことも象徴的である。

しかし、大統領府副長官に任命されたD・メドベジェフ、I・セーチン、V・イワノフ、事務総長V・コージンなど側近は、いずれもサンクト・ペテルブルグの「仲間」である。つまりエリツィンにおけるスベルドロフスク・マフィアなど、いつもの権力継承のあり方とかわらない。連邦保安局でも三六の有力ポストはすでに同地出身者が入った、という[22]。

プーチンの対外観

プーチンの対外関係のアジェンダはわかりにくい。外国訪問も当初控えている。ひとつには諸外国も選挙の年であることがあげられよう。

それでもヒントがある。プーチン代行が最初に行なった安全保障と外交に関する行動は、「安全保障概念」に二〇〇〇年始め、署名したことである。この文章は九七年一二月に出されたものを改定しているが、プーチン指導部の全体の枠組みを反映しているといえよう[23]。もちろん、文書自体はプーチンの主導ではなくエリツィン時代からの継続である。それでも、新指導部の変化を示している。九七年版が西側との「パートナー」関係が基礎だとすると、なにより、西との「協調」へと後退しているのが特徴である。九七年版が、安全保障の最大の問題が国内問題にあるとしたら、二〇〇〇年版は国際的脅威が重要であるとはじめて指摘していることである。ことは変わらない。ただし、九七年版がこれを国内経済改革で克服するため、国際経済環境へと統合すべきだ、という論点であった。西側との関係はNATO拡大が懸念されていた。それでもまだ対外危機は二義的であった。

しかし、NATOの東方への拡大傾向、そしてコソボ紛争へと西側の関係の悪化が二〇〇〇年版のなかに反映している。経済改革は、より大きな国家の役割と関係づけられている。九八年金融危機に示されたように対外経済参加の危険性への警戒にもつながっている。

さらにチェチェンの危機は、単にテロリズムや国内民族問題だけでなく、カフカーズ、カスピ海、中央アジアでのアメリカの影響拡大と結びついて、新エリートの懸念につながる。国境地域での紛争について厳しい見方、一極支配への警戒が示され、西側との協力が限定されて指摘されている。他方、伝統的な一方的な安全保障概念が強調される。対米牽制も含め、インド・中国との「多極的世界」への強調がおかれる。

日本との関係では、二〇〇〇年までの平和条約締結が課題となっているが、新政権発足、日本でも総選挙もあり、政治的な不透明感が見える。ロシア政府の経済財政状況からすれば日ロ新時代は深化しようが、国境画定問題の見通しはまだ不透明である。

注

(1) ここでは、この二年間エリツィン自身が引退を模索するタイミングを探っていた、という見解であった。この趣旨は彼の九九年一二月一七日の『大統領の筆致、鉄の論理』で表明された。
(2) *Nezavisimaya gazeta*, 12 yan., 2000.
(3) *Rossisikaya gazeta*, 31 Dec., 1999.
(4) *Segodnya, 12 yan., 2000.*
(5) 下斗米伸夫「移行の危機、混迷のロシア」『朝日総研レポート』一九九八年八月。
(6) O. BLanchard, R. Dornbush and others, *Reform in Eastern Europe*, Cambridge, MIT, 1991 ; M. Boyko, A. Shleifer and others, *Privatizing Russia.*, 1996 ; Oslund, *How Russia became a Market Economy*, 1995 : Ekonomika perekhodnogoperioda, *ocherki ekonomicheskoi politiki postkommunisticheskoi Rossii. 1991-97, 1998.* 後者はガイダルら移行期研究所のこの間の楽天的な総括的成果である。もっともサックスは最近ＩＭＦ批判を強めている。サックス自身のＩＭＦ批判はたとえば *New York Times*, 4 June, 1998 ; *Nezavisimaya Gazeta*, 20 Yan., 1999.
(7) Julietto Kiezza, *Proshchai Rossiya*, 1997 ; J. R. Wedel, Collision and Collusion, *the struggle of the Western Aid to Eastern Europe 1989-98*, St. Matins, 1998 ; S. Govorukhin, *Velikaya kriminalnaya Revolyutsiya*, 1993.
(8) A. Kokh, *The Selling of the Soviet Empire, Politics and Economics of the Soviet Empire*, 1998, SPI books.
(9) たとえばV. Streletskii, Mrakobesie, M., 1998. 大統領警護局の著者による大統領周辺の民営化がらみの醜聞への告発。内務省、対外諜報局などがこの点に批判的であることは、ゴボルーヒンから、コルジャコフまで多くの指摘がある。
(10) 九〇年代初めのロマンチックな移行支持派による、九〇年代末の苦い現実認識として、『ファイナンシャル・タイムズ』紙のJohn Lloyd, *Re-engaging Russia*, The Foreign Policy Centre, 2000.
(11) 下斗米伸夫『ロシア世界』筑摩書房、一九九九年。
(12) Liliya Shevtsova, *Rezhim Borisa Yelitsina, M.*, 1999.

(13) たとえばよく指摘される男性の平均余命は、八九年の六二歳から最悪の九四年には五七歳台まで低下し、最近ようやく六一・八歳まで回復したが、それでも人口学的な人口減は止まっていない。

(14) 九九年一二月の「オリガーキーと政治」を論じた論文によると（*Kommersant*, 28 Dek., 1999）、銀行家と政治の関係は、有力な順から、①マムート、MDM銀行、大統領府系、②アダモヴィチ、シブネフチ社、下院議員、③ベレゾフスキー、下院議員、④ポターニン、インターロス社、SPS系、⑤チュバイス、統一エネルギーシステム、SPS系、⑥フリードマン、アリファ銀行、大統領府、⑦グシンスキー、メディア・モスト、OVR、ヤブロコ系、⑧レーベジェフ、ナショナル・リザーブ銀行、FSB（プーチン系）、⑨ホドルコフスキー、ユコス、非政治系、⑩アレクペロフ、ルークオイル系、⑪デリパスカ、シベリア・アルミ、レーベジ知事、⑫ゴロフコフ、ロスゴスストラフ、我が家ロシア、マスリュコフ系、⑬スモレンスキー、ソユーズ銀行（SBS‐アグロは破産）、⑭ビャヒレフ、ガスプロム（プリマコフからボローシン系）、といわれる。

(15) *Profile*, No. 43. p. 20. 国防省予算は一四〇〇億ルーブル、国防産業発注は四八〇億ルーブル、その他債務支払い二五〇億ルーブル、で計二一三〇億ルーブル、これはドル換算で計七〇億ドルとなる。

(16) *Krasnaya zvezda* 1999, 10 ; *Rossiskaya gazeta*, 18 yan., 2000.

(17) もとは共産党系エリートであって、社会科学アカデミーから、クーデター派のシェーニンから、ロシア政府のシラエフに加担した。目立たないが一貫して政府の最古参閣僚であった。同時に軍のグラチョフに解任された人材を取り込んだ。

(18) もっとも、党派としては中身がなく、選挙ではレスラーのカレリン、内務官僚、組織犯罪専門家のグーロフを第三位にあげて選挙戦に望んだ。ルツコイ知事、ナズドラチェンコ知事、イリュムジノフ大統領とクレムリン的な急進市場派との性格は反対である。

(19) この組織も選挙ブロックであって、実体はルシコフ・モスクワ市長系の祖国と、有力知事・大統領のブロックとしてできた。しかし、イスラム共和国の参加は目立ったが、ロシアの知事たちの結集は弱かった。最初の大会であったヤロスラベリ州のリシーチン知事などは、クレムリンの攻勢が始まると、早々と離脱し、選挙では独立派として行動し始めた。

（20） Vladimir Putin, *Ot pervogo litsa. razgorory c Vladimiron Putinym*, M., 2000, Рой Медведев, *Загадка лутина*, M., 2000.（ロイ・メドヴェージェフ『プーチンの謎』、現代思潮新社、二〇〇〇年）。

（21） *Kommersant-Vlast*, No. 3, 2000.

（22） *Tribuna*, 8 Feb., 2000.

（23） この文章は、九九年春からプーチンが書記であった安全保障会議で審議され、一〇月に採択されていた。

第3章
エリツィン時代のロシア経済

私は皆さんに許しを請いたい。私たちの夢の多くは実現されることなく、たやすくできると考えていたことは実際には非常に困難であったからである。薄暗く、停滞した、全体主義の過去から、明るく、豊かな、文明化した未来へ一気に飛躍しうるであろうと信じていた人々の希望を実現できなかったことに私は許しを請いたい。私自身そう信じていた。一気にすべてを乗り越えられるように思えた。しかし、一挙に行うことは不可能であった。いくつかの点で私はナイーブでありすぎた。いくつかの問題は複雑でありすぎた。私たちは過ちと失敗の中で苦闘していた。この複雑に入り組んだ時代に多くの人々はショックを経験した。

ロシア大統領一九九一〜九九年　B・N・エリツィン
（辞任演説九九・一二・三一）

十年間……私たちはロシアの情勢に影響を与え、それを正しい方向に導く能力をもっていたが、それに失敗した。

金融家・慈善家　G・ソロス
（ダボス記者会見〇〇・一・三〇）

システム変化

一九九二年から九九年にロシアの経済システムに大きな変化が生じた。一九八八年までロシアはソビエト経済システム（「社会主義計画」、「中央計画」、「指令経済」、「行政─指令システム」、「行政経済」）の古典的な国であった。一九八九年から九一年にそのシステムは崩壊し、一九九二年から九九年に文明化した市場経済を導入するための精力的な努力がなされた。G7やその機関（IMFなど）、さらに国際的な実業界がこうした努力を支援した。しかしそれらは失敗し、ロシアは最後には変異体的（mutant）経済システム（Nuti 1996）となった。この変異体的システムにはとくに重要な七つの側面が存在した。

第一に、日和見主義的行動（Perotti 2000）の重要性である。すべてのレベルにおいて、経済資源にたいする支配権（正式な所有権ではなく）が重要であった。とりわけ、キャッシュ・フローにたいする支配権と、それをみずからの（国外の）銀行預金口座に移す、あるいはみずからの奢侈消費に融通するために用いる可能性がとくに重要であった。特徴的なのは、八月一七日危機以前の一九九八年に銀行が大規模に資本輸出を行ない、危機の直後に残余資産を銀行の管理者の管理下にあった他の所有にかえたこと、したがって債権者から略奪したことである。もうひとつの際だった特徴は、一九九九年一二月に大統領が辞任したとき、彼が在任中に犯したかもしれないすべての犯罪にたいする告訴からの特赦が即座に与えられたことである。(1)

第二に、自給農業がとても重要であることである。表1はいくつかの関連データを示したものである。

表1　生産者のタイプ別農業生産　（単位：%）

	1985	1990	1991	1992	1993	1994	1995	1996	1997
農業企業	76.9	73.7	68.8	67.1	57.0	54.5	51.5	50.8	49.9
私有地/菜園/住民経営	23.1	26.3	31.2	31.8	39.9	43.8	46.6	47.4	47.9
個人農（フェルメル）経営				1.1	3.1	1.7	1.9	1.8	2.2

出所：Rossiiskii statisticheskii ezhegodnik 1998 (Moscow : Goskomstat, 1998) p. 443.

公式統計によると、一九九七年に私有地などの部門はロシアで生産されたジャガイモの九一・三%、野菜の七六・三%、果物・漿果類の七九・七%、蜂蜜の八七%、肉の五五・九%、牛乳の四七・二%、卵の三〇・四%を占めた（他方、この部門は穀物の〇・八%、テンサイの〇・八%、ひまわりの種の一・四%しか生産していなかった）。実際、公式統計によると、一九九六年にロシアの家庭で消費された全食料の四三%がこうした小規模農園で生産された。これが事実だとすると、ロシアにおいて分業の重要性が低下し、経済の全般的な原始化(primitivization, Hedlund & Sundstrom 1996) がすすんでいることを顕著に示している。この原始化のもうひとつの側面は私有地などの部門で馬の所有が増加していることである。その数は一九九一年から九七年のあいだに二倍以上になった。ロシア農業において馬力はとても役立つが、その重要性の高まりは機械技術の後退を示している。

第三に、工業におけるバーター取引の重要性が非常に大きくかつ増加している（一九九八年まで）ことである。バーターは一九九二年から九八年まで着実にその重要性を増してきた。一九九八年三月までに、工業販売高の五〇%に達すると推定された。バーターの増加はもちろん貨幣を用いた市場経済の発展の対極にあるものであるが、それについてはすでに多くの議論がなされている。(2)

バーターは犯罪化の結果であれ、脱税の結果であれ、民営化計画の失敗の結果であれ、支払い不能・赤字続きの企業の生き残り戦略の結果であれ、抑圧されたデフレーションの結果であれ、移転の結果であれ、これら要因のうちいくつかの合わさったものの結果であれ、その規模と持続性とはロシアが近代的な市場経済への移行を遂げてはいないことを明白に示している。

第四に、賃金（や年金）が期日通り支払われないことである。とくに支払いが悪いのは国家であり、教師や医者や警官や軍人といった国家公務員は長期間にわたる賃金支払いの遅れを経験している。もちろん、利用された生産要素の未払いは正常な市場経済の基本的なルールのひとつに違反するものである。

第五に、経済の犯罪化である。クルイシャ（*krysha*＝逐語的には「屋根」だが、実際には「保護者」）にみかじめ料（保安金）を支払わざるをえない企業の比率はとても高い。ライバルを殺害することは「競争」の周知の方法となり、効果的な法体系がないために、借金取り立ては「カラシニコフ（銃）に聞け」に強く依存していて、エリツィン時代に犯罪はめざましく悪化した。

第六に、効果的な国家機構がなく、寄生的なそれが存在することである。ソ連の崩壊と独立ロシアの創設は有効な国家機構を生み出さなかった。公共の利益を保護するのが正当だとみなされる国家が、今日のロシアには欠けている。一時的に特別な地位を占めたのは官吏である。しかし、彼らはみずからの官職を一時的にみずからを豊かにする私的支配領域として主に見ている。任命はしばしば政治的・金銭的理由で行なわれ、専門能力あるいは行政能力とはほとんど関係がない。ワルシャワとモスクワの小売業の周知の比較において、Frye & Shleifer (1997) は略奪の手（the grabbing hand）モデルはワルシャワよりモスクワにおいてずっとよくあてはまることを示した。これがポーランドよりロシアで新興ビジネスの形成がはるかに不活発であった重要な理由であることを彼らは示唆した。活発な新興企業によって発展が主導されたポーランドよりロシアで落ち込みの程度がはるかに大きい主要な理由はこれであろう。略奪の手の役割はとても大きいので、エリツィンの時代のロシアの政治システムは泥棒政治（klepto-cracy）の重要な要素を手にした。

第七に、私的な銀行預金口座がないことである。個人や私企業は預金口座をもっているが、ロシアの法律によると、若干の主体、とくに税務当局やいくつかの公共施設は、事前に口座所有者の許可を得ることなく、こうした口座から資金を引き出す権利をもっている。それゆえ、それらは本当の意味で「私的な預金口座」とみなすことはできない。当然、資本逃避、オフショア取引、現金とバーター取引が促進される。

ロシア経済は変異体的であるかもしれないが、それでもやはり変異体的な市場経済である。ミクロ経済レベルでは、不足や行列がなくなりソビエト期よりはるかに多くの財やサービスが広汎に入手できるようになったことに、マクロ経済レベルでは、一九九八年から九九年のルーブル価値下落にたいする反応に示される。価格変化（ルーブルの対外価値の低下）の結果として、市場経済において期待されるような種類の反応（輸入の減少と輸入代替国内生産の増加）が現われた。エリツィンが残した経済システムはどのように評価されるべきであろうか。「寡頭制的資本主義」とか「略奪的資本主義」といった侮蔑的な用語でしばしば評価されている。おそらくより中立的な用語では、中国の学術用語から借用して、

「ロシア的特徴をもった市場経済」となろう。この経済システムはエリツィンの遺産の重要な部分である。

表2　ロシアのGDP成長率（1991―98年）　（単位：%）

	1991	1992	1993	1994	1995	1996	1997	1998	1999	1990―96	1990―98
公式データ	−5	−15	−9	−13	−4	−3	1	−5	2a	−41	−40
Khanin-Suslov	−5	−15	−13	−16	−5	−7	―	―	―	−48	―

注：1998年の同時期と比較した1999年の第3四半期までの公式見積もりは1.5%であった（表では四捨五入して2%とした）。1999年全体の最終的な公式データはまだ入手できていない。
出所：公式統計とKhanin & Suslov 1999.

マクロ経済の発展

一九九二年から九八年は深刻な低下、高率だが収まりつつあるインフレーション、生活水準の低下、雇用の減少、失業の増大、原始化、ロシアの相対的な経済状態の急激な悪化によって特徴づけられた。一九九九年にマクロ経済情勢は改善されたが、生活水準は低下した。表2はいくつかのマクロ経済データを示したものである。

一九九七年のわずかな成長を除いて、一九九一年から九八年における深刻な低下を統計は示している。この低下は何によって説明されるのか。これに関しては広範な文献が存在する（Kornai 1994, Gomulka 1998, Popov 2000）。とくに重要な要因としては、経済構造の負の遺産の継承、国家の崩壊とその結果生じた制度的空白、一九九二年から九七年における実質貨幣価値の上昇、インフレ水準がかなり適度なものとなった一九九六年から九八年の前半においてさえもＩＭＦがインフレ縮小に圧力をかけたこと、が挙げられよう。

表3　ロシアの年間インフレーション（1992—99年）　（単位：%）

	1992	1993	1994	1995	1996	1997	1998	1999
消費者物価（12月を基準に）	2,506	840	204	129	22	11	84	36

出所：公式統計。

したがってエリツィンの遺産の重要な部分は経済であり、その規模は彼がうけついだときのわずか半分ほどである。プーチン首相（現大統領）が一九九九年末の論文「千年紀の境にあるロシア」（http://www.pravitelstvo.gov.ru）で述べたように、「九〇年代にロシアのGDPはほとんど五〇％低下した。GDPの大きさでは合衆国の十分の一、中国の五分の一である。一九九八年の危機の後、一人あたりGDPは約三五〇〇ドルに低下した。これはG7の平均の約五分の一である」。

一九九〇年代に世界の多くは急速な成長を遂げたので、二一世紀のはじめのロシアは、ピョートル大帝やヴィッテの時代のロシアやスターリン期のソ連と同様、先進国に追いつく——純粋に経済的な——必要がある。一八八〇年から一九一三年や、一九二二年から四〇年、四五年から五八年になされた進歩はエリツィン時代に使い尽くされた。

一九九九年の興味深い特徴は、（貨幣価値下落の結果としての）輸入代替の影響や石油の国際価格の上昇（ガスと石油はロシアの主要な輸出品）の影響をうけて、経済が回復したことである。貨幣価値の低下やエネルギー価格の上昇は、利潤に有利なほうへの国民所得の再分配に導いた。これは企業や政府の財政状態を改善し、企業が税や賃金の未払いを削減し、取引高に占めるバーターの比率を下げることを可能にした。同時に、人口の大部分はさらに貧困化した。実質為替相場やエネルギーの国際価格はロシアの将来の経済発展を左右する重要な要因であり続ける。

表3はインフレーションの状況を示している。インフレ率はとても高率であったが、一九九二年から九五年に急速に衰え、IMFの安定化プログラムの影響をうけて一九九六年と九七年にはさらに低下した。貨幣の対外価値下落の結果として一九九八年には急上昇したが（しかし、多くの投機家たちが期待したよりもはるかに低いレベルで）、一九九九年には再び低下した。エネルギーの国際価格が現在の水準を維持あるいは上回るかぎり（ロシアでは、エネルギーの国際価格はたんに輸出利潤の源泉としてだけでなく国庫収入の源泉としてもとても重要である）、ロシアは世界銀行の定めた四〇％の危機ライン以下にインフレ率を抑えることができるだろう。

構造変化

エリツィン時代に経済構造に大きな変化が生じた。工業では、完成品製造部門が急速に衰退し、石油・ガス・金属部門が重要性を増した。経済が劇的に脱軍事化され、消費財生産も急激に低下した。経済全体では、農業も衰退し、GDPのうちサービスの占める比率は大きく増加した。概して、輸出（ガス、石油、非鉄金属、鉄鋼）と国内商業部門（例えば、サービス業や自営農業）は相対的に順調に発展し、テレビ、衣服・履物生産、商業的農業といった輸入競争部門は（一九九二年から九八年の前半に）大きな打撃をうけた。自動車工業だけが強力な保護のおかげで生き残った。原料価格の上昇、輸入競争、投資

表４　ロシアの工業生産（1992―99年）

（単位％，前年にたいする比率）

	1992	1993	1994	1995	1996	1997	1998	1999
全体	82	86	79	97	96	102	95	108
内訳								
採取産業	89	90	90	99	98	103	―	―
製造業	81	85	76	96	95	102	―	―
電気	95	95	91	97	98	98	98	100
石油抽出	94	91	93	96	98	101	99	100
ガス	97	95	94	100	99	98	101	104
鉄金属	84	83	83	110	98	101	92	114
非鉄金属	75	86	91	103	98	105	95	109
機械工業・金属加工	85	84	69	91	95	104	93	116
軽工業	70	77	54	70	78	98	89	120
食品工業	84	91	83	92	96	99	98	108

出所：公式統計。

不足によって打撃をうけた製造業の衰退はとくに印象的であった。プーチン現大統領が一九九九年末の論文で述べたように、「ロシアの経済構造は変化した。国民経済における重要な地位は今では燃料産業、電気エネルギー、鉄・非鉄金属が占めている。GDPに占めるそれらの比率は今や約一五％で、全工業生産に占める比率は約五〇％、輸出では七〇％以上である」。表４は工業生産構造の変化についてのいくつかのデータを示したものである。

軽工業の劇的な衰退は、原料の入手困難（例えば、ウズベキスタンの綿花に高価格を支払うことができない）とロシア市場で大きなシェアを獲得した外国の衣服・履物との競争とを反映したものである。機械工業の衰退は経済の脱軍事化と投資の急減を反映している。軍事機器にたいする国家発注はエリツィン時代にとても急激に低下し、国家発注された軍事機器への支払いもさらに急激に低下した。中国やインドなどの国々からの輸出注文はロシアの国防工業の生き残りにとってとても重要となった。ハーニンとスースロフ Khanin & Suslov (1999) によると、一九九〇年から九六年にロシアにおいて実質投資が顕著に減少した。彼らは生産領域における固定資本がその期間に一八％低下したと推定している。資本ストックは工業においても公共サービス（鉄道、学校、上水、下水、住宅）においても減少したようである。いくらかの投資はあった（個人住宅、耐久消費財、小売商業）が、工業や公共サービスでの投資の低下を相殺するにはおそらく不十分であった。これは有効需要の増大によって生産がどの程度上昇しうるかについての楽観的な推定が保証のないものであることを意味している。同時に、エリツィン時代はエリツィン後の時代に負担となるであろう必要投資残高を残したことを示している。投資の低下により、先進国と比較して、ソ連末期よりも経済設備ははるかに悪化した。

生産構造の変化に加えて、人口分布にも重要な変化があった。全般的な傾向は、補助金が打ち切られるにつれて極北、極東の人口が低下し、北コーカサス、ボルガ、中央黒土、ウラル、西シベリア地域の人口は増加した。(3) さらに遠隔の地域のいくつかでは人口低下はいっそう劇的であった。例えば、一九八九年から九八年にチュクチの人口は四八％、マガダン地域では三六％低下した。全般的にみて、エリツィン時代に人口分布は経済的合理性を増した。

エリツィン時代の印象的な特徴は銀行部門の興亡であった。ゴルバチョフ後期とエリツィン初期におびただしい数の銀行が芽を出した。実際に活動中の登録された銀行の数は一九九六年に最高の二三〇〇に達し、一九九七年から九八年の前半にロシアの銀行は国際的な信用を得た。彼らは外国から資金を借り、国際金融機関が彼らに投資し、国際銀行は彼らを先物取引において信頼できるパートナーとして受け入れた。しかし、ロシアの銀行は民間から集めた預金を企業に融資する正常な金融仲介機関ではけっしてなかった。その主な活動は、例えば中央銀行から貸与をうけたり国家機関から供託金をうけることによって、国有部門あるいは民営化された魅力ある財産を食い物にすることであった。その他の活動は外国為替の口座を所有し、財務省証券取引を行ない、取り扱い中の貨幣がもたらす利子を着服するために資金移転を遅らせることであった。その結果生じたキャッシュ・フローのうちいくらかはそれ自身のポケットバンクをもつ企業を支援するために用いられ、ときにはまさにその目的のために中央銀行の預金が公的に用いられようとしたこともあった。しかし、大部分は国外に移転された。一九九八年の危機によって銀行部門は甚大な打撃をうけ、一九九九年までに活動中の銀行の数は約一四〇〇に低下した。その国際信用度も急落した。エリツィン時代の末期に、圧倒的多数のロシアの家計の銀行預金は国有貯蓄銀行であるズベルバンクに保持された。そこでは人々は事実上の国家保証から利益を得た。一九九二年から九九年に健全な民間銀行システムを確立できなかったことはエリツィン時代の最大の失敗のひとつであった。

政情不安定、不況、高い課税、私的銀行預金口座の欠如、犯罪化、投資の全般的に貧弱な傾向のため、大規模な資本逃避が起こった。合計額の推定はさまざまに異なっており、本質的に不明確である。控えめな推定（Tikhomirov 1997）によると、一九九二年から九六年の資本逃避の合計は六三〇億ドルであった。輸出されたすべての資本がロシア経済に損害を与えたわけではない。「対外投資」に形をかえて戻ってくる場合もある。国外に輸出されたお金のほかに、ドル現金の形でかなりの額がロシアで流通している。おそらく六〇〇億ドルの現金が住民のあいだに保持されている。[4] この合計額の一部はシャトル貿易業者の運転資金であり、その活動は消費者需要をみたすうえで重要な役割をもっている。一九九二年にロシアが失った資源の大部分は、非国際市場価格でのCIS諸国との貿易の結果生じた貿易収支の赤字額であった。これを含めて、ハーニンとスースロフは、一九九一年から九六年のロシアからの「闇の資本輸出」を七五〇〇億ドルという巨額に見積もった。

ロシア経済の構造変化はさまざまに評価されている。西側の多くの経済学者にとって、そうした変化は比較優位説に一致した、自然かつ望ましい特化の過程である。だがロシアのナショナリストにとっては、ロシアが「西側の原料供給者」に変化する好ましくない過程の一部である。

社会発展

エリツィン時代の重要かつとても肯定的な発展は自営部門や新興私的部門の成長であった。表5はいくつかの関連データを示したものである。

しかし、一九九八年においてさえ、自営あるいは新興私的部門の労働力比率はEU諸国のそれよりはるかに低かった。この部門の成長は略奪の手、高い課税、マフィア、不況、外国との競争によって妨げられた。

一九九一年から九九年の全雇用者数は一四・四%低下した。[5] 雇用されるのをやめた人のうちには、家

表5　新興私的部門の成長　　（単位%，各部門の労働力の比率）

	1987	1988	1989	1990	1991	1992	1993	1994	1995	1996	1997	1998
国営／民営化	99.2	98.7	98.2	97.4	96	95	93.7	91.3	89.1	86.7	84.1	80.7
自営	0.2	0.4	0.5	0.7	1.0	1.1	1.3	1.8	2.1	2.6	3.0	3.6
新興私的	0.6	1.0	1.2	1.9	2.9	3.9	5.0	6.9	8.8	10.7	12.9	15.7

出所：Clarke & Borisov 1999, p. 596. 原出所は労働力調査である。調査は全国の労働力を完全に表わしているわけではなかった。公式統計は別の状況を表わしている。それによると，公式に登録された小企業に就業している人の数は1995年から97年半ばまでの2年半に48%低下した（*Predprinimatel' stvo v Rossii,* 1998 no. 1 p. 46)。統計上の理由（完全な一覧表からサンプル調査への切り換え）と定義上の理由のため，1995年1月1日の数字と1997年7月1日の数字は完全には比較できない。小企業の数についての公式統計によると，その数は1994年に最高となり，95，96年と低下し，97年に増加，98年もわずかに増加したが，98年末時点でなお94年末より少なかった（Kontorovich 1999, Mazurova 1999)。

庭や非公式部門で仕事に就いた人や全く仕事をやめた人や失業者となった人がいる。失業（ＩＬＯの定義による）は一九九〇年代にかなり増大した。失業率は一九九八年八月危機の結果として九九年春に一四・二％と最高に達し、その後九九年末までに一一・七％に低下した。失業はロシアの労働者にとっては新しく、好ましくない経験であった。それは通常当人とその扶養家族の貧困化を意味した（失業給付はごくわずかで、少数の失業者に支払われただけである）。

一九九〇年代のロシアの労働市場のもうひとつの好ましくない特徴は、支払いの遅滞、現物支払い、不払いであった。貨幣で期日通りに賃金を支払われなかった人が一〇〇〇万人いる。なかには現物で支払われた人もおり、数百万人が何ヵ月も賃金を遅滞された。こうした現象は工業労働者にも公共部門の就労者（教師、医者、警官など）にも影響している。公共部門就労者の賃金が絶対的、相対的に低下したことや、彼らがしばしば賃金を期日どおりに受け取ることができなかったことは、こうした部門での汚職の広がりの重要な原因であった。

一九九〇年代のロシア人の生活の大きな特徴は大衆の貧困化であった。貧困者数の推定は概念上・測定上慎重を要する問題を提起している（Ellman 2000）。世界銀行の所得分配の専門家であるミラノビッチ（B. Milanovic 1998）が示したデータを用いると、一九八七年から八八年と一九九三年から九五年のあいだにロシアの貧困者の比率は二％から三九％に、すなわち二二〇〇万人から五七八〇万人に増加した。貧困者数の推定には測定上繊細な問題が伴うため、正確な数にそれほど重要性を与えるべきではない。例えば、もし貧困を公式の貧困（*prozhitochnyi minimum*）線の半分と定義するなら、公式統計によると一九九六年のロシアの貧困者数は五七八〇万人ではなく約一五〇〇万人（Clarke 一九九九）となるであろう。にもかかわらず、「移行」に伴って貧困者数はかなり増加し、多数の人々が現在も貧困であるというミラノビッチによって示された全般的な状況は明らかに本当である。

一九九〇年代のひとつの重要な発展は平均食料消費の低下であった。ロシアの報道機関は栄養不足について警告する報告をしばしば行なっているが、その表現はあいまいである。ロシア長期モニタリング調査の第一回、第三回調査によると、一九九二、九三年に労働年齢のロシア人は平均して国際的に推奨される一日あたりのエネルギー量をかなり下回っており、この消費不足分は九二、九三年に顕著に増加した（Popkin 1997）。他方、両年に平均的ロシア人は国際的に推奨される蛋白質の一日あたり摂取量を上回っていた（この過剰分は一九九二年から九三年に急激に減少したが）ことも示された。さらに、平均体重は一九九二年から九三年に増加し、肥満が栄養不足以上の大きな問題となった。公式家計統計によると、一九九六年に都市における一人あたり平均食料消費はカロリー基準（貧困線を定めるために用いられる）のわずか九一％であり、蛋白質基準の七三％、炭水化物基準の八四％であった。とくに深刻なのは、子供のいる貧しい家庭における蛋白質の摂取不足であろう。一九九六年に子供の総数の約半分が、平均消費不足（貧困ライン基準と比べて）がカロリーで二〇％、蛋白質で四〇％、炭水化物で二四％ある家庭に住んでいた（Rimashevskaya 1998, pp. 188–193）。同資料はまた、現在の子供の栄養不足の問題は「改革直前の時代には生じていなかった」と述べている（同上書 p. 189）。体制転換期に子供の栄養摂取が悪化しているという意見は、UNDPによって引用されたデータ（1999 p. 23）によっても支持されている。それによると、二歳以上の子供の発育不良は一九九二年の九・四％から一九九四年の一五・二％に増加した。相対価格の変化や財・サービスが入手しやすくなったことに応じた食料消費のいくらかの低下は予期されたし、健康的な生活をもたらした。「消費のソーセージ－ウオッカ・モデル」は健康的でもないし、望ましくもない。しかし、ロシアの平均食料消費の低下は、所得格差の急増や所得が最も少ない集団が自作食料から相対的にわずかの利益しか得ていないという事実と結びついて、とりわけ貧しい家庭の子供たちのあいだにかなりの栄養不足を引き起こした。

大衆の貧困化に加えて、一九九〇年代のロシアの所得分配のもうひとつの特徴は不平等の大幅な増大である。ミラノビッチによると、一人あたり所得のジニ係数[6]は一九八七年から八八年の二四から一九九三年から九五年の四八へ上昇した。あとのほうの数字はロシアが世界で最も不平等な国のひとつであり、ブラジルなどのラテンアメリカ諸国と同等であることを示している。こうした数字は住居所得（統計に含まれない住宅補助金や自宅所有者の帰属所得）を含まないことによって所得不平等を過大視していることとは考えられる。これはバックレーとグレンコ（Buckley & Gurenko 1997）によって述べられている。しかしながら、エリツィン時代に不平等がかなり増大したことは確実であると思われる。

エリツィン時代に公共財の供給はいくつかの点で悪化した。警察は秩序を生み出すことができなかった（政治システムはたくさんの法律を作成したが、その実行は不完全な面が多かった）し、犯罪はめざましく増加した。殺人や殺人未遂の件数は、一九九一年の一万六二〇〇件から一九九九年の三万三〇〇〇件へ増加した。殺人による死亡率は一九九七年に人口一〇万人あたり二三・九人であり、合衆国の二倍以上、イタリアの一〇倍以上、日本の約四〇倍である。教育に関しては、平均的に建物の状況は低下し、かなりの比率の就学年齢の児童が学校に行っていないと思われる（Ellman 2000）。一九九四年のミクロ・センサスによると（Statisticheskoe obozrenie 1999, no. 3 p. 70）、その年に中等学校を卒業していない一五歳から一九歳の若者の二一％が学校にもどんな種類の教育機関にも通っていなかった（一九八九年にはその数字は一七％であった）。就学者の減少は物的資本の低下と類似した人的資本の衰退を導くかもしれない（前節参照）。

一九九〇年代初めに罹患率の顕著な悪化がみられた。ジフテリアが流行し（抑制されたが）、(7) 結核、梅毒、肝臓炎がかなり広がった（梅毒は九〇年代後半に衰退したが）。結核のいっそうの広がりの危険は国際的に注目され、国際援助プログラムが生まれた。他方、ポリオは一九九〇年代の終わりまでに事実上除去された。二一世紀のはじめに絶対多数のＡＩＤＳ犠牲者を導くＨＩＶ感染者数の急増の予想についての驚くべき警告が、この一〇年の終わりに発せられた。国家の崩壊、泥棒政治、財政危機、生活水準

表6　ロシアの出生率　（住民1000人あたり）

	1990	1991	1992	1993	1994	1995	1996	1997	1998	1999
総出生率	13.4	12.1	10.7	9.4	9.6	9.3	8.9	8.6	8.8	8.4
特殊出生率	18.9	17.3	15.5	13.9	14.0	13.4	12.8	12.3	—	—

注：総出生率は当該年度の総出生者数の比率、特殊出生率は15歳から49歳の年齢集団を対象とした出生者数で計算されている（訳者，*The Demographic Yearbook of Russia 1999* 参照)。
出所：公式統計。

表7　死亡率　（人口1000人あたりの死者数）

	1990	1991	1992	1993	1994	1995	1996	1997	1998	1999
男性	11.6	11.9	13.1	16.1	17.8	16.9	15.8	15.0	—	—
女性	10.9	11.0	11.4	13.0	13.8	13.3	12.8	12.7	—	—
合計	11.2	11.4	12.2	14.5	15.7	15.0	14.2	13.8	13.6	14.7

出所：公式統計。

の低下が合わさって、病気が流行する好条件を生み出した。例えば、将来のエイズ蔓延の危険にもかかわらず、一九九七年にロシアはＨＩＶ感染の広がりを防止する公式プログラムに資金調達できなかった（*Doklad 1999a*, p. 16)。同様に、九〇年代における妊娠女性の健康状態の悪化の一因は、生活水準の低下の結果生じた栄養不足であった（*Doklad 1999b*, pp. 15 & 18)(8)。生活水準の低下は、同時に他にも健康にとって悪い影響を及ぼした。ロシアの国家衛生疫学監督部（*gossanepidnadzor*）の二人の部員（Chiburaev & Ivanov 1999）によると、「近年、人々の健康状態は否定的傾向によって特徴づけられている。消化器系統（*alimentar'nye bolezni*）を含めて、疾病の数は増加した。例えば、近年心臓血管の病気や癌のため罹患率や死亡率は上昇し、ビタミン不足や微量栄養不足という深刻な問題が生じており、子供や青年の身体測定指標［たとえば、身長や体重］は低下した。貧しい家庭は充分な栄養を摂取していない。この結果、貧血や胃潰瘍・十二指腸潰瘍が子供にも大人にも増えている。最も驚くべき側面は消化器系統の病気を患う子供の数の増加である。」

ロシアの夫婦の約一五から二〇％は生殖不能を患っている。一〇代の女性のあいだに婦人性疾患が高水準で広まっている。「過去五年のあいだ［一九九四年から一九九八年？］に、一〇代の女性が婦人性疾患を患う頻度は三から五倍に増えた」（*Statisticheskoe obozrenie* 1999, no. 3 p. 73）。

九〇年代にアルコール中毒も麻薬の消費も増大したようだ。例えば、麻薬使用者として医療機関に登録された一五歳から一七歳の数は、一九九〇年から九七年に一二倍増加した（*Statisticheskoe obozrenie* 1999, no. 3 p. 72）。

エリツィン時代に出生率は低下した。表6は出生率に関するデータを示したものである。

移行ヨーロッパ全体で生じた出生率の低下（旧東ドイツでもっとも低下が大きく、ハンガリーで最も小さい）の原因については多くの議論がなされている（ECE 1999, chapter4；Vandycke 1999；Ellman 2000）。興味ある読者はこれらを参照することができる。

同時に、死亡率も大幅に上昇した。表7はそれについてのいくつかのデータを示したものである。死亡率のこうした増加については多くの議論がある（Shapiro 1995；Shkolnikov & Nemtsov 1997；Leon et al 1997；Ellman 2000）。興味ある読者はこれらの著作を参照することができる。

エリツィン時代にロシアは顕著な純移民流入国となった。このことは多くの人々（主にロシア語を話す人々）が、ロシアの社会 - 経済状況をみずからやその子供たちにとって他のＣＩＳ諸国（たいていの移民の出身地）より好ましいものとみなしていることを示している。

出生率、死亡率、移民の領域における発展が合わさった結果として、ロシアは人口減少を経験している。公式統計によると、ロシアの人口は一九九九年の最初の一一ヵ月で六九万三〇〇〇人低下し[9]、いっそうの人口減少が生じそうである。現在の趨勢では、二〇〇〇年中にロシアの人口は一億四五〇〇万人以下に低下するであろう。

結　論

(1) エリツィン時代に、ロシア経済は腐りかけの行政システムから「ロシア的特徴をもつ市場経済」へシステム転換を経験した。

(2) エリツィン時代にロシア経済は深刻な不況（一九九〇年から九八年）を経験し、その後一九九九年にわずかに好転した。経済構造の遺産、国家の崩壊とその結果生じた制度的空白、IMFの勧告、実質為替相場、国際エネルギー価格が、実質生産量の発展を決定する重要な要因であった。ロシアは同時に一九九二年から九五年に高率のインフレを経験したが、IMFの援助で抑制された。不況のひとつの側面は純投資のマイナスであった。世界の他地域での成長とロシアの不況が合わさった結果として、「追いつき」という――純粋に経済的な――問題は、今やピョートル大帝やヴィッテの時代あるいはスターリン期と同様に深刻である。

(3) エリツィン時代にロシア経済は急激に構造変化した。電気、石油、ガス、鉄・非鉄金属は重要性を増し、製造業――とくに、軽工業や食品工業――は大幅に衰退した。サービスは工業や農業と比較すると成長した。顕著な脱軍事化過程がみられた。人口の地理的分布は経済的合理性を増した。

(4) エリツィン時代には同時に重要な社会発展も生じた。まだそれほど大きくなっていないものの新興私的部門のめざましい成長、雇用の減少、失業の増大、不平等の増加、貧困の増大、子供の栄養不足の増加、秩序や教育といった公共財供給の低下、出生率の低下、死亡率の増大、かなりの移民の純流入、人口減少、罹患率の悪化、アルコール中毒や麻薬、であった。犯罪や汚職は悪化し、泥棒政治が政治システムの重要な部分となった。

注

* アムステルダム大学経済・計量経済学部経済学教授、ティンバーゲン研究所。Email : ellman@fee.uva.nl

(1) エリツィンの政敵のナショナリストはエリツィンがソ連崩壊という大罪を犯したとみなしている。彼には重要な対抗者であるロフリン将軍の殺害を命じたという疑いがある (Rogachevskii 2000)。エリツィンと彼の家族は泥棒政治家であると広くみなされている。

(2) S. Clarke, The financial system and the demonetisation of the economy (http : //www.csv.warwick.ac.uk/fac/soc/complabstuds/russia/rusint. htm); C. Gaddy & B. Ickes, "Russia's virtual economy," *Foreign Affairs* September–October 1998 ; D. Woodruff, *MONEY UNMADE. Barter and the fate of Russian caoitalism* (Ithaca : Cornell University Press, 1999); S. Aukutsionek, "Barter v rossiiskoi promyshlennosti," *Voprosy ekonomiki* 1998 no. 2 ; UNECE, *Economic Survey of Europe* 1998 no. 3 p. 39. を参照。また、*Post-Soviet Geography and Economics* 1999 no. 2 や D. Woodruff, "It's value that's virtual," *Post-Soviet Affairs*

April-June 1999 における議論も参照。

（3） ここに載せた五地域はすべて一九九八年に一九八九年より人口が増加している。

（4） 一九九二年から九六年にニューヨークの連邦準備銀行は紙幣で総額六〇〇億ドルを旧ソ連諸国、主にロシアに供給した (Rogoff 1998, p. 267)。ロシアの調査によると、一九九六年一〇月に現金で五四〇億ドルがロシアで流通していた (Rimashevskaya 1998 p. 271)。

（5） 公式統計によると、この低下は一九九一年から一九九九年の第2四半期の終りまでのものである。

（6） ジニ係数は所得不平等を測定するもので、〇から一〇〇までの数値をとりうる。数値が大きくなれば、分配はそれだけ不平等となる。

（7） これは一九九〇年から九一年における予防接種の減少の結果であった。この原因は予防接種の考えられる悪い結果についてマスメディアが恐がらせる報道を行なったことであった。その後、予防接種の適用範囲が広がり、一九九五年までにＤＰＴ予防接種をうけた二歳以下のロシアの子供の比率は約九三%となった。

（8） 兵役に召集された若者の健康状態の低下について警告する報告がロシアで出版されている。例えば、一九九〇年から九五年にフィットネスは三二%低下したと言われている。同様に、「過去三年間に」（一九九五年から九七年?）健康上の理由で兵役を免除された潜在徴集兵の数は一〇%増加した (Breeva 1999, pp. 49–50)。*Statisticheskoe obozrenie* 1999 no. 3 p. 71 には、「国防省のデータによると、近年二〇から三〇%の潜在徴集兵が健康上の理由で兵役を免除されている」と述べられていた。こうした種類のデータを評価する難しさは、それがどの程度若者のフィットネスの変化の結果で、どの程度当局が兵役の免除を売ろうとする意欲の変化の結果なのかが明白ではないということである。兵役は一般的に評判がいいわけではないし、高い生活水準が確保されるわけではなく、危険で、無償である。他方、このような書物に述べられた潜在徴集兵のあいだでの梅毒やアルコール中毒の急増についての情報は遺憾ながら十分信用しうる。

（9） 公式統計では「永住」人口の七一万七〇〇〇人の減少である。本文の数字は、出生者数と移民の純流入者数を足して死亡者数から引いたものである。二つの数字の差は、おそらくいくらかの流入者を「永住」人口に含めなかったことから生じている。

参考文献

Buskley, R. & Gurenko, E. (1997) Housing and income distribution in Russia : Zhivago's legacy, *The World Bank Research Observer* vol. 12 no. 1 February.

Clarke, S. (1999) "Poverty in Russia," in P. Stavrakis (ed.) *Problems of economic transition* (Armonk NY : M. E. Sharpe).

Clarke, S. & Borisov, V. (1999) "New forms of labour contract and labour flexibility in Russia", The Economics of Transition vol. 7 no. 3.

Doklad (1999a) "Gosudarstvennyi doklad o sostoyanii zdorov'ya naseleniya rossiiskoi federatsii v 1997g.," *Zdravookhranenie rossiiskoi federatsii* no. 1.

——(1999b) "Gosudarstvennyi doklad o sostoyanii zdorov'ya naseleniya rossiiskoi federatsii v 1997gg.," *Zdravookhranenie rossiiskoi federatsii* no. 2.

ECE (1999) *Economic Suevey of Europe* (Geneva : UNECE) no. 1.

Ellman, M. (2000) "The social costs and consequences of the transformation process," *Economic Survey of Europe* 2000 no. 3 (Geneva : UNECE).

Frye, T. & Shleifer, A. (1997) "The invisible hand and the grabbing hand", *The American Economic Review* vol. 87 no. 2, May.

Gomulka, S. (1998) "Output : Causes of the decline and the recovery," in P. Boone, S. Gomulka & R. Layard (eds.) *Emerging from Communism* (Cambridge Mass : MIT Press).

Hedlund, S. & Sundstrom, N. (1996) "The Russian economy after systemic change," *Europe-Asia Studies* no. 6.

Khanin, G. & Suslov, N. (1999) "The real sector of the Russian economy : Estimation and analysis," *Europe-*

Asia Studies vol. 51 no. 8.

Kontorovich, V. (1999) "Has new business creation in Russia come to a halt?" *Journal of Business Venturing* vol. 14 no. 5-6, September-November.

Kornai, J. (1994) "Transformational recession. A general phenomenon examined through the example of Hungary's development," *Journal of Comparative Economics* August.

Leon, D. et al (1997) "Huge variations in Russian mortality rates, 1984-1994 : artifact, alcohol or what?" *Lancet* 350 pp. 383-388.

Mazurova, G. V. (1999) "Malye predoriyatiya Rossii v 1998 godu," *Voprosy statistiki* no. 9.

Milanovic, B. (1998) *Income, inequality, and poverty during the transition from planned to market economy* (Washington DC : World Bank).

Nuti, M. (1996) "Post-Communist mutations", *Emergo* (Cracow) winter.

Perotti, E. (2000) "Banking regulation under extreme legal underdevelopment : Lessons from the Russian meltdown", (mimeo, Amsterdam University).

Popkin, B. et al (1997) "Nutritional risk factors in the former Soviet Union," in *Premature death in the New Independent State* (Washington DC : National AcademyPress).

Popov, V. (2000) "Shock therapy versusu gradualism: the end of the debate (explaining the magnitude of the transformatinal recession)," *Comparative Economic Studies* (forthcoming)

Rimashevskaya, N. M. (1998) *Rossiya 1997* (Moscow: Institute of Socio-economic Problems of the Population, Russian Academy of Sciences).

Rogachevskii, A. (2000) "The murder of general Rokhlin," *Europe-Asia Studies* no.1.

Rogoff, K. (1998) "Large bank notes. Blessing or curse? Foreign and underground demand for euro notes," *Economic Policy* 26, April.

Shapiro, J. (1995) "The Russian mortality crisis and its causes," in A. Ausland (ed.) *Russian economic reform at risk* (London & New York : Pinter).

Shkolnikov, V. & Nemtsov, A. (1997) "The anti-alcohol campaign and variations in Russian mortality," in *Premature death in the new independent states* ed., J. L. Bobadilla, C. Costello & F. Mitchell (Washington DC: National Academy Press).

Tikhomirov, V. (1997) "Capital flight from Russia," *Europe-Asia Studies* June.

UNDP (1999) *Human development report for central and eastern Europe and the CIS 1999* (NY : UNDP).

Vandycke, N. (1999) *The economics of the reproduction 'crisis' in transition Europe* (London : unpublished LSE Ph.D thesisi).

II　エリツィン時代のロシア・CIS

第4章 ロシア金融危機の政治経済学

ロシアとロシア経済の混乱について、あまりにも多くのことが指摘されてきた。このため、終わることのないロシアの諸問題に、最近では誰もが疲れきってしまっているかのようだ。ゴルバチョフのペレストロイカの開始以来一五年がたった。ソビエト連邦が崩壊し、ロシアにおける経済の市場移行が宣言された時点からも八年が経った。これまでに、この国は多くの側面で大幅に変化してきた。だが移行が成功したというわけではない。

まったくそれどころではない。経済改革はほとんど失敗し、GDPの急激な下落や民衆にとっての多くの困難、貧窮、そして犯罪と死亡率の増加がもたらされている。一九九八年という年は、楽観的な見通しが見えないまま、いくつかの公的、そして私的な債務について、急激な平価切下げと一部の債務不履行をひきおこした。

なぜロシアの移行がこのような特別な道を進んでいるのか。観察者によって答えが違う。ある者は、いわゆるショック療法と呼ばれるものを非難し、他の者は、いまだかつていかなるショック療法もとられなかったからであるという。ある者はＩＭＦが非難されなければならないといい、当のＩＭＦは、その処方箋は実際には一度も守られていないという、等々。まさしくこれこそが非難されるべきである、という単一の原因を指し示すことはできないと考える。原因は厖大であり、さまざまで複雑である。

われわれは、移行が困難であろうことははじめから予期することができた。けれども、それがいかに厄介であるかは、まったく過小評価してきた。

ロシアの移行が三重の移行であるということを、思い出していただきたい。計画から市場経済へ、全体主義から市民社会へ、共産党・国家体制から近代政治システムへ、である。これらの移行のどれもが手強い挑戦を提起する。三重の移行は三重の挑戦でもある。

興味深いことに、一九九二年から一九九六年にかけてのロシア政府における迅速で大衆的な民営化と金融政策の主要な設計者であったアナトーリー・チュバイスは、「われわれは、われわれが引き受けた過程の規模を完全には理解していなかった。われわれは非常に困難な時期は三年、五年、もしくは八年間あると思っていた。不幸にも、今や、改革は何十年もかかることが明らかになった。……今や、ロシアは改革のために何十億あるいは何百億ではなく、何千億ドルも必要であることが明らかになった」と、最近になって認めている始末だ（*Economic Survey of Europe*, 1998, No. 3 より引用）。

筆者の論議は大きく三つの部分からなる。まず最初に、一九九八年に何がおきたのかという簡単な概観からはじめて、いくつかの教訓を見いだしてみたい。第二節は、いくつかのロシアの政治制度の特性と、それらがいかに政府の信頼性と決断力とに影響を及ぼしているのかを議論するつもりである。最後に、第三節では、とくに三つの政治経済的な論点を扱う。これらは筆者自身の最近の調査に基づいている。最初の二つの部分は、どちらかといえば一般的であり、大まかな論点を考察するものである。第三節は、もっと焦点が狭められていて、より経験的である。ここでは、経済の政治的操作についての特定の諸事例をあつかおう。

一九九八年におきたこと、ロシア移行におけるいくつかの教訓

一九九八年の徹底的な財政破綻で終わった、九〇年代の経済発展についての型通りの事実からまず始めたい。一九九八年の危機は最初、国庫収入上、あるいは予算上の危機としてあらわれ、一九九二年以来の重大な、体系的政治的、財政的そして社会的危機へと急速に変質した。いくつかの経済的な指標は付属の表1～8に示されている。

ロシアにおける変形の景気後退は、ほとんどの観察者が当初予期していたよりも、ずっと長く深かった。五年間にわたる景気の抑制と浮揚とを交互に行なう経済改革（stop-go reforms）をなんとかやり遂げるあいだに、国は工業生産の半分と、GDPの約四〇%を失っていた。一九九七年には、成長開始のはじめての兆候がみえた。一九九八年には、経済は再び五%をこえて収縮した。

移行の最初の何年かは、非常に高いインフレーションによって特徴づけられた。一九九五年にはきびしい通貨政策によって、一月には月に一七%であったのが、年の終わりには約三%へと下げられた。中

表1　連邦財政赤字，%GDP

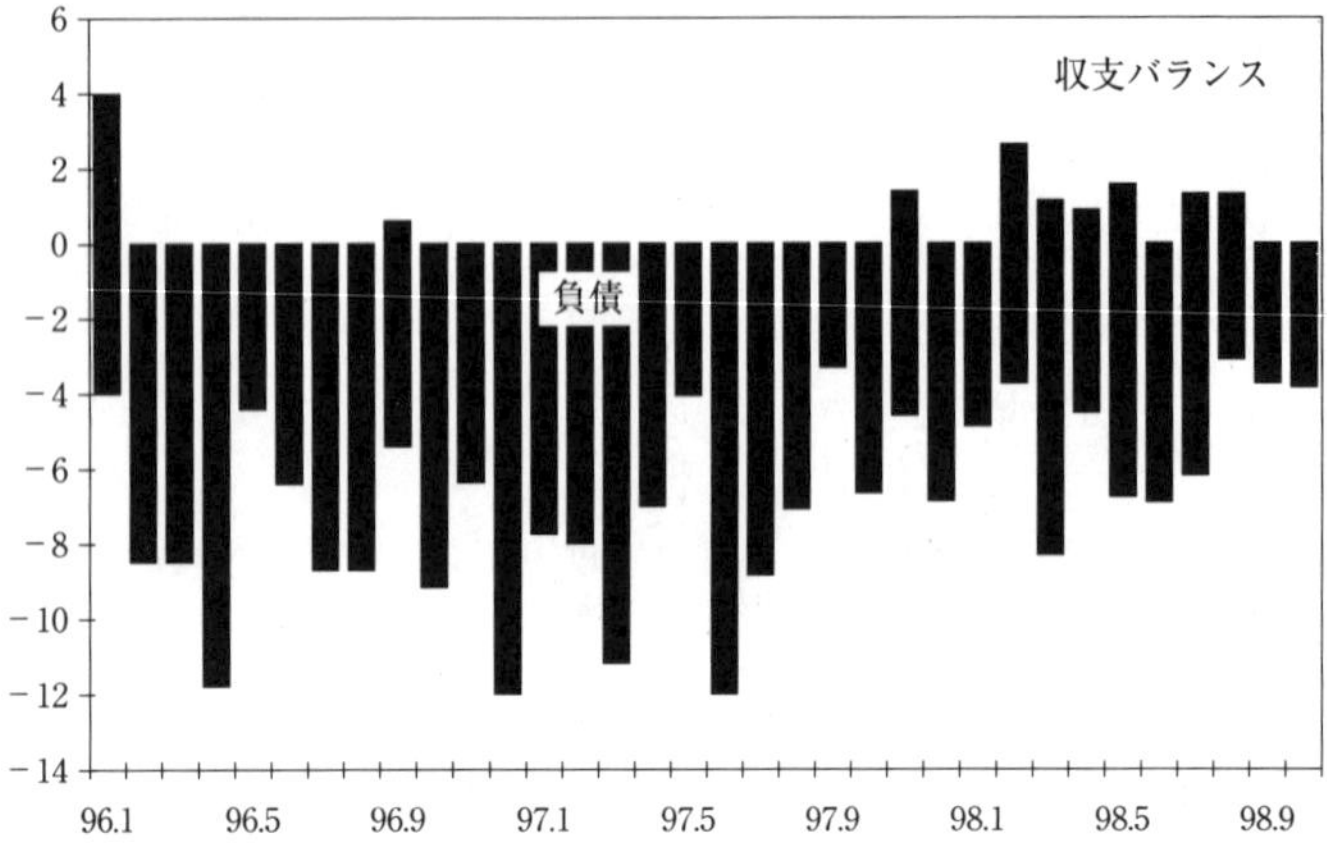

出所：*Ministry of Finance.*

表2　連邦歳入・歳出，%GDP

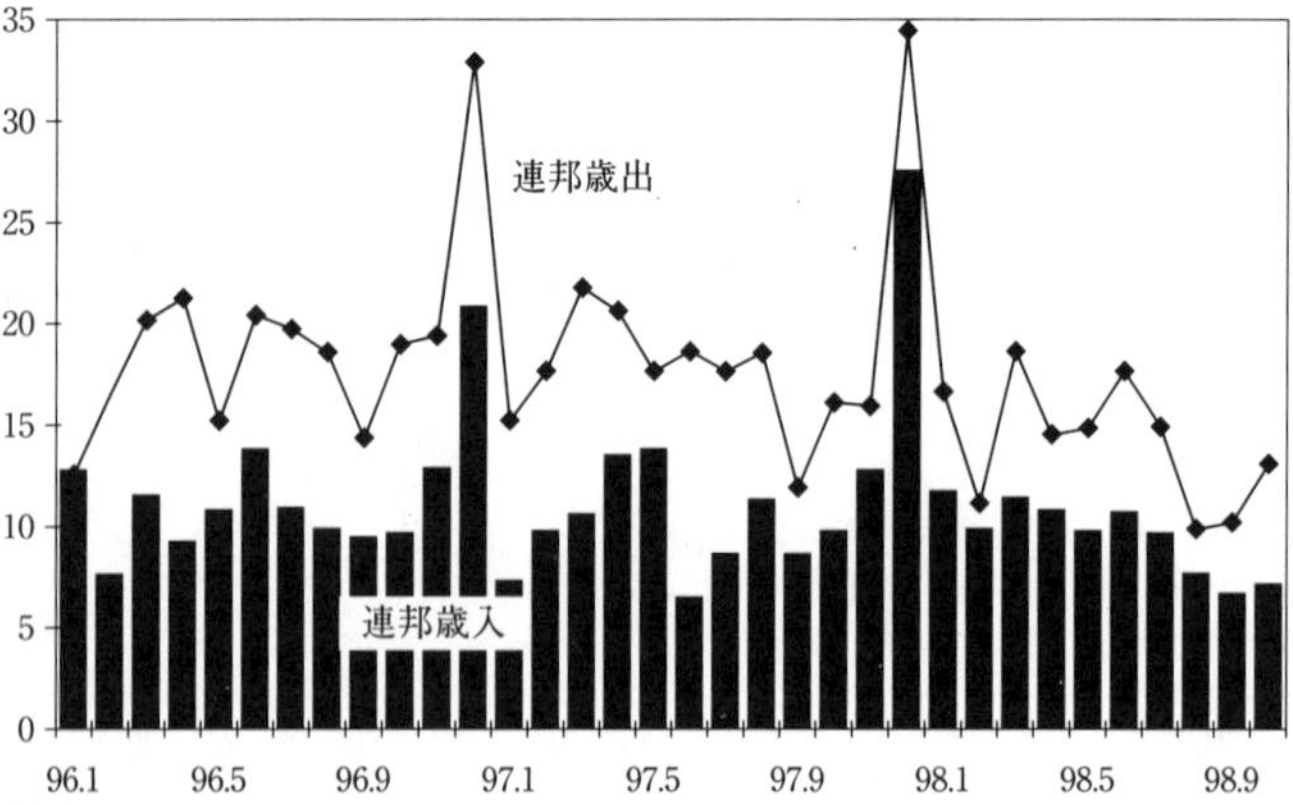

出所：*Ministry of Finance.*

表3　通貨ベース（週間データ）

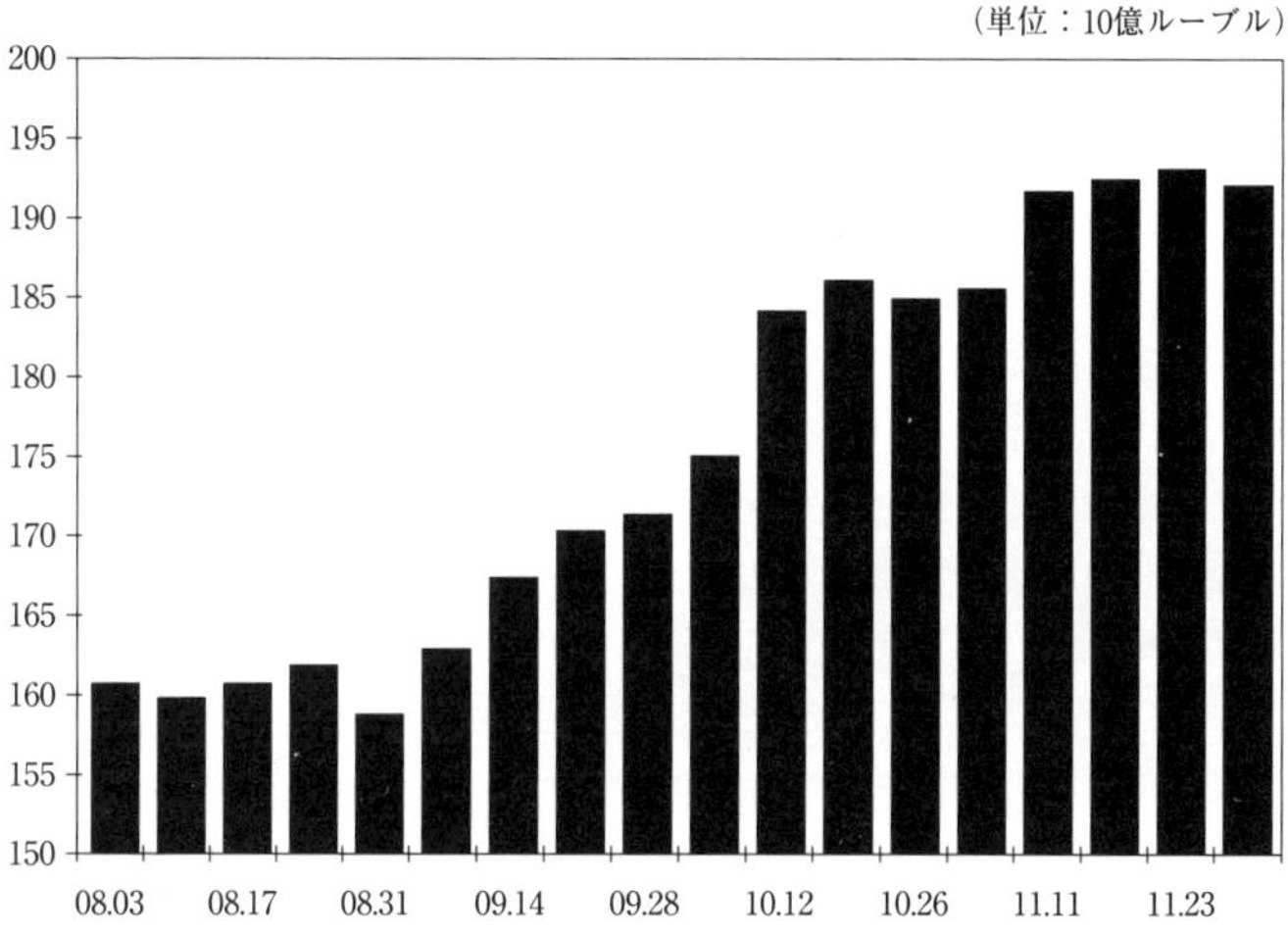

表4　外貨準備高（週間ベース）

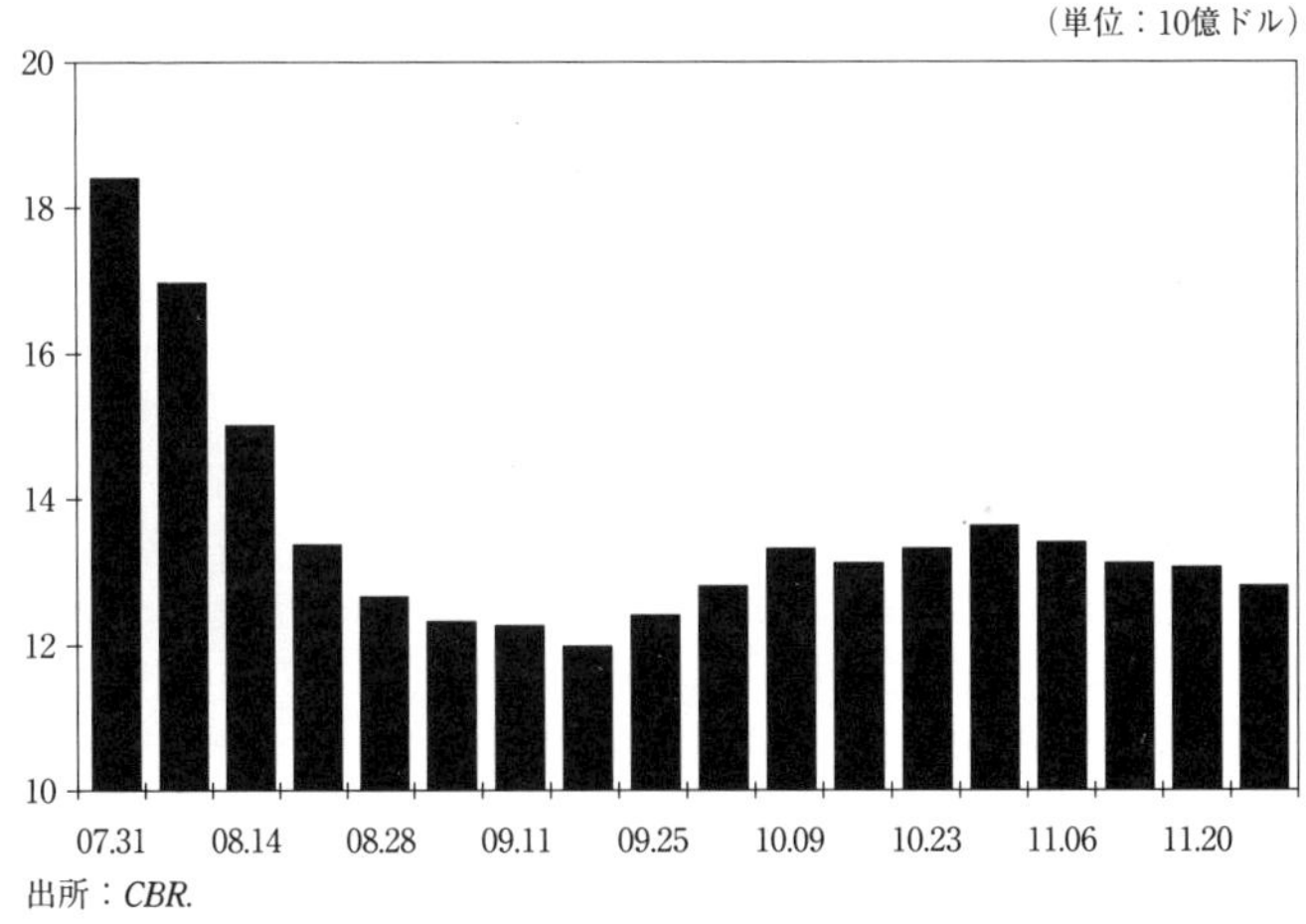

出所：*CBR.*

表5　インフレ率，月間％

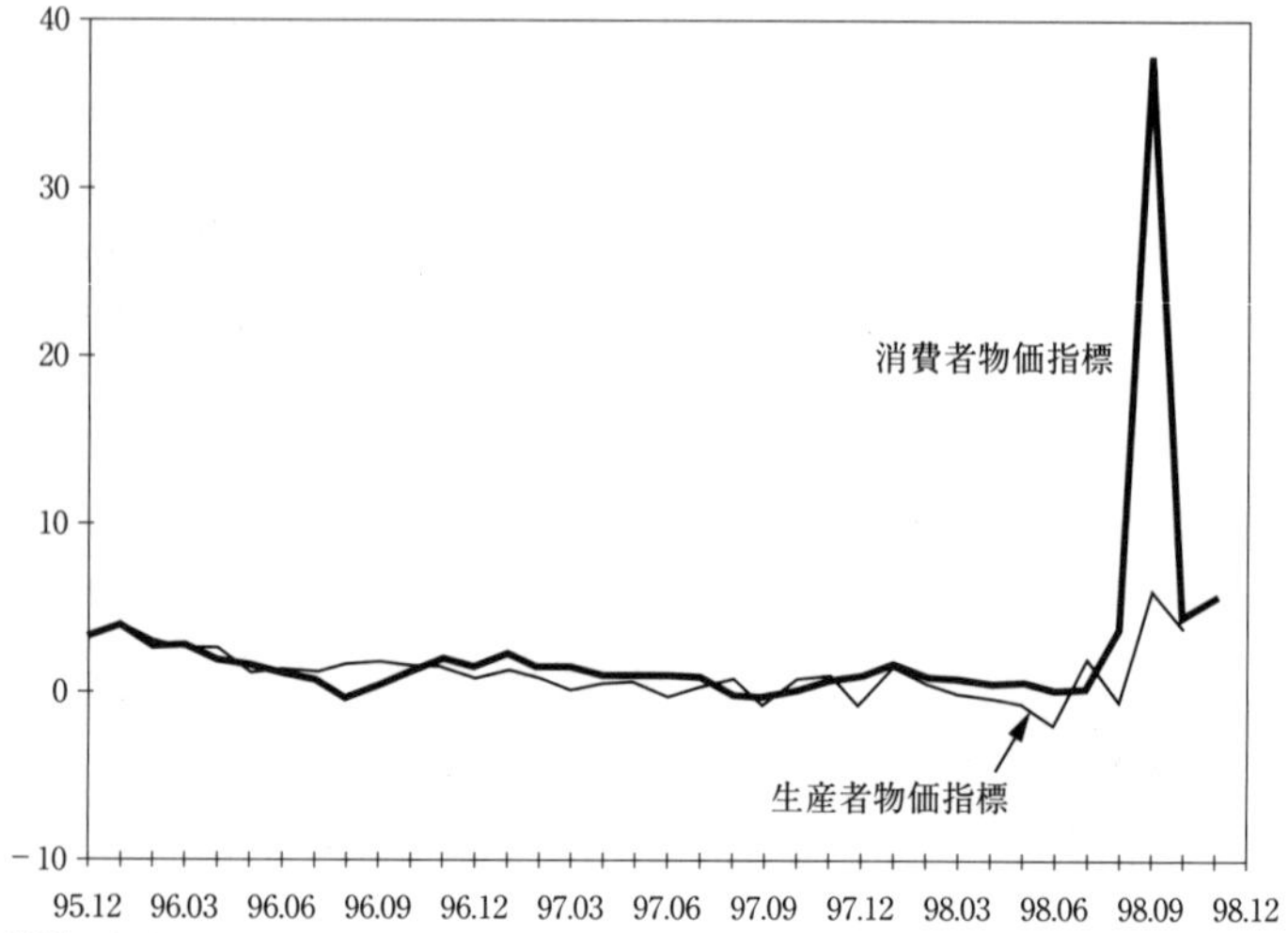

出所：*Goskomstat.*

表6　ルーブル交換レート（ルーブル／ドル）

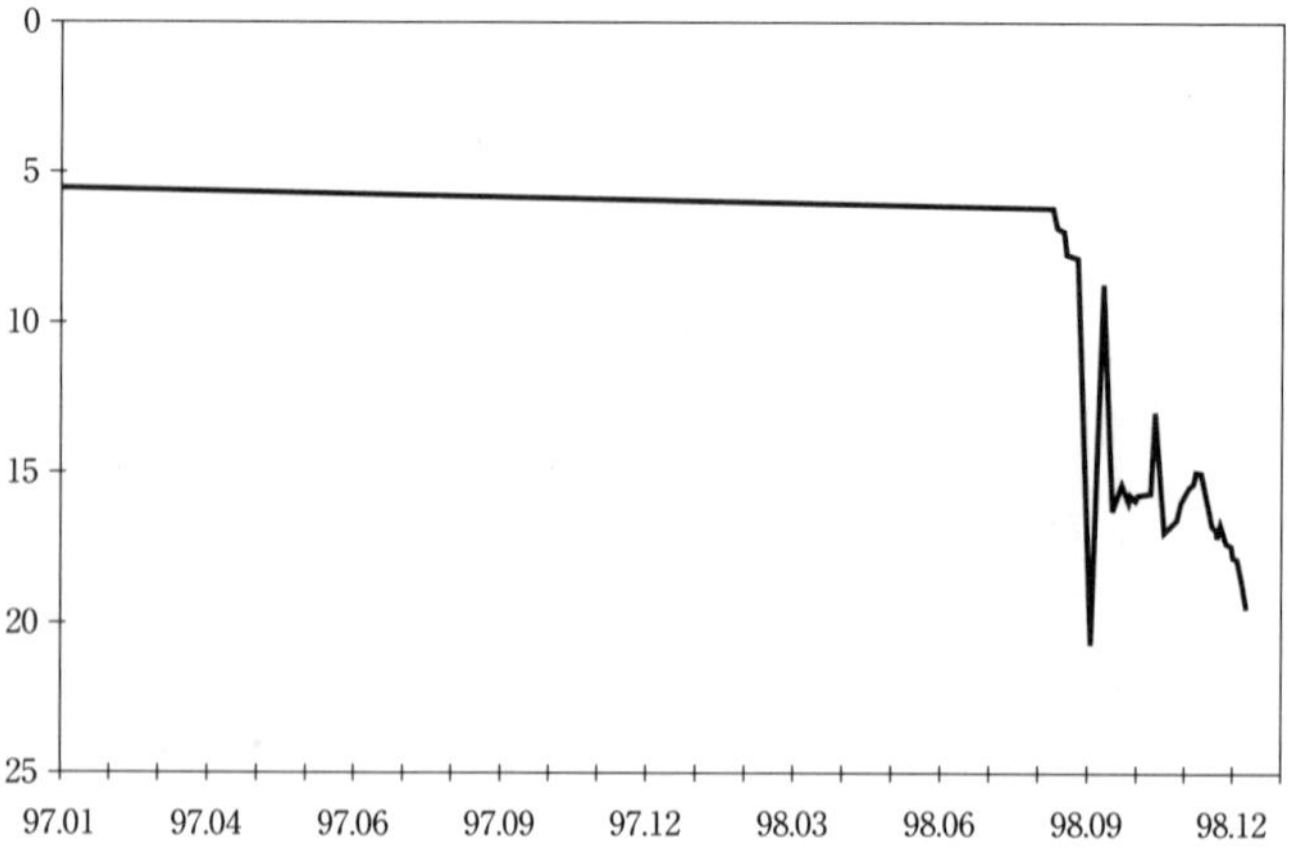

注：*MICEX exchange rate till 17th August. CBR rate from then on.* 出所：*CBR.*

表7　遅滞・銀行信用・ローン（GDP%）

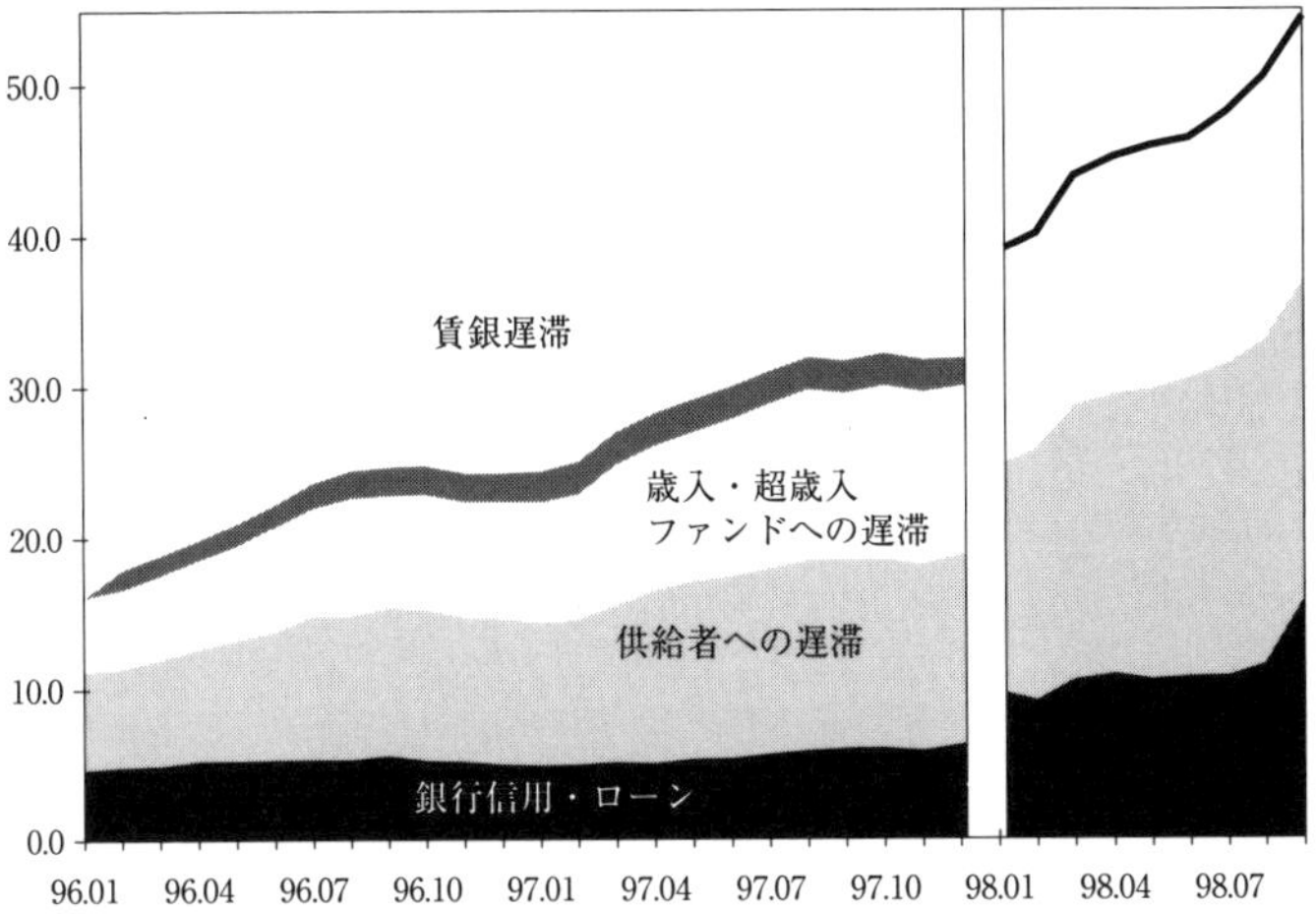

表8　ストライキ活動

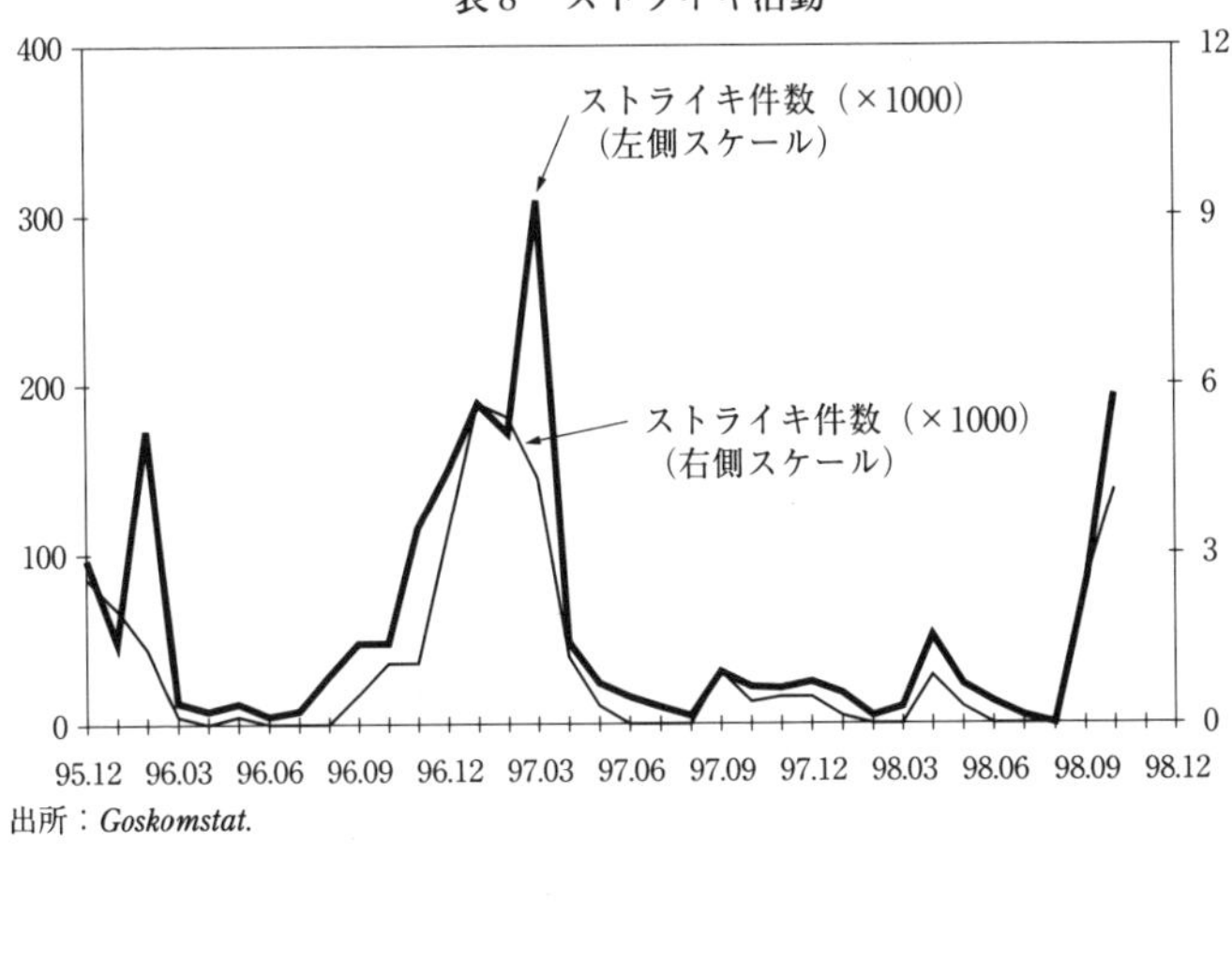

出所：*Goskomstat.*

央銀行は、財政赤字に融資するのを中止した。とはいえ、赤字は除去されることはなく、財政への増大する圧力とともに、むしろ大きくあり続けた。

税収は慢性的に悪く、政治の不安定のあらゆる兆候に反応して下落し続けた。一九九六〜九七年、九八年第一、第二四半期の低インフレーションは、これ以後、インフレ課税を予算の資金調達の財源とすることを不可能にした。民営化の税収は非常に不安定で、政治的なスキャンダルと結びついており、輸出収入（主に石油、ガス、他の物資）はあまりにも世界市場の価格と為替レートに左右されすぎていた。

大幅な経常借り入れと、受け継がれた負債とは、利息を払うために予算の多くの部分を割り当てる結果となった。一九九五年には連邦支出の一九％であり、一九九六年にはおよそ二四％、一九九七年には連邦支出のほぼ三分の一となり、一九九八年の夏には、利息の支払は総計で支出全体の三分の一以上であった。予算支出を切りつめるいくつかの試みは議会によって妨げられたが、支出は実質的に差し押さえによってコントロールされた。これは、削減が優先されずに、すべての支出項目に無差別に影響するといった、悪い選択であった。大量の遅配をひきおこす軍、公的部門、賃金、年金等の深刻な持続的な融資不足をもたらした。遅配は、急速に増大し、政府の信頼性と政治的そして社会的な安定にたいする真の脅威となった。財政を蝕み、公債への要求を高める一因となった。

さまざまなかたちの短期国債が財政赤字のための主要な財源となった。予算不足の他の一部は、ＩＭＦ・世界銀行融資とユーロ債といった外国からの融資によって調達された。

中央銀行による直接の貨幣の金融から、短期の政府債、ユーロ債、ほかの利付き債権といった形式の民間部門借款［貸付］への移行は、安定したインフレ緩和へと導いたが、政府を国内的な、やがては国際的な金融市場の厳しい審判にさらした。政府債が期限内に支払われるであろうと投資家たちが信じていた限り、彼らはこれらの貸付を快く延長しようとしていた。短期借り入れへの依存が上昇すると、全般的な国庫収入状態は、非常にもろく危険になった。利子払いの負担は急激に上昇し、予算の成長部分を獲得し、あらゆる種類の予算の遅延を悪化させた。これは直接「船を座礁させ」、資本流出と借り入れの期限に影響をあたえ、さらに政府の信頼性を掘り崩した。国は腐敗した循環に入り、崩壊へと向かった。アジア危機と物価の下落がその結果を加速した。

アジア危機と物価の下落

一九九七年末のアジア危機は、すべての新興市場からの資本流出を刺激したが、ロシアもその例外ではなかった。物価の下落は、経常収支を赤字に変え（ちなみに、はじめて期間を超えて）、また借り入れ費用を増加させた。国庫収入上の調整は、より差し迫ったものとなった。ビクトル・チェルノムイルジンを首班とした政府は、これらの施策を行なうことに失敗し、一九九八年三月突然解任された。この解任がいかに説明されようとも(2)、このことは大統領の裁量にたいする、また予期しえない感情的行動にたいする、制度としての政府の極度な脆弱さを例証した。解任の真の理由が何であったにせよ——筆者はチェルノムイルジンの政府は実際に悪かったと考える——それは不適当な時に、また承認しがたい方法によってなされた。

　大統領と議会とのあいだの数週間の対立ののち、若いV・キリエンコが議会（国家ドゥーマ）によって首相として承認された。ドゥーマは、彼をより良い選択として受け入れたのではなく、早期の選挙を防ぐためのものとして受け入れた。エリツィンへの屈服を余儀なくされ、議会は行政との協力にはほとんど希望を残さず、政府のあらゆる計画を立ち往生させることに大いに力を発揮した。キリエンコは政府の首班にテクノクラートとして選ばれたのであり、政治家としてではなかった。彼はまったく政治的な権力基盤を有していなかった。この時点でエリツィンはすでに非常に弱く、病気で不人気であった。そのため、首相をいかなる政治的な支援もないままにし、国を有能な政府がないままにしておいた。政府の命運は実際に尽きた。決断することを試みたが、政府自身には実行するための限られた能力しかないことがわかった。

　政府は、財政を救済するため、危機対応の強硬な包括的政策を提案した。包括的政策は国際的な救済のための条件でもあった。しかしながら施策を後押しするもっとも重要な収入と、いくつかの支出削減とが議会によって妨げられてしまった。一九九八年の夏は最悪であった。あらゆる事態が日に日に悪化し、ルーブルへの取り付けは強烈で、資本の流出は増大し、通貨の準備は浸食し、借り入れ費用は急上昇した。利子の支払い率は、予算の大部分を占め、支えきれるものではなかった。国庫収入の破綻は差し迫ったものとしてあらわれた。

　これらの展開は、政治の構図全体を吹き飛ばした。七月と八月とには、大統領と政府への注文は、政治的には左派と中央派とから大幅に増加した。クーデターの可能性や、エリツィンの危篤、莫大な平価切下げや不履行の噂が人々を不快にさせた。ほとんど賃金の遅配に起因するストライキが広まった。これらすべてのことが、あらゆる投資家にとって明確であった。八月一七日は刻一刻と近づいてきた。

八月一七日に何がおきたのか?

八月一七日、キリエンコ政府と中央銀行は、国内的な債務の（短期国債GKOの）部分的な不履行を宣言し、ルーブルは自由に変動することが許された。[3] 国の通貨は直後に暴落した。平価切下げと不履行の両方は経済の完全な崩壊の引き金を引いた。短期証券に多額の投資をしていた銀行と保険会社は破産し、支払体系は完全に麻痺し、輸入は阻害され、食糧不足に脅かされて実質賃金は下落した。等々。

八月一七日の翌日、包括的な政策が宣言され、キリエンコ政府は倒れた。キリエンコはチェルノムイルジンが数カ月前に解任されたのと同様の仕方で解任された。[4]

チェルノムイルジンを首相に復職させるエリツィンの試みは、国の急激な政治的変化を明らかに照らし出した。エリツィンは、チェルノムイルジンに敵対的で、彼の権力はほとんど失われ、議会内のすべての主要な政治力は彼に対抗しているため、彼は自分がほとんど別の国にいることを悟った。自由主義的な路線、およびそれを支持していた人々は、完全に信頼を失ったようにみえた。左派的な政府とそれに伴う転換は、ほとんど不可避となった。

妥協への模索がプリマコフを首相の座につけた。プリマコフは、ほとんど議会の満場一致の支持で首相としてあらわれた。彼は穏健で、どちらかというと慎重な政治家であった。彼は大統領への野心をもたない者として、レーベジ（潜在的なピノチェット的支配者と目されていた）にたいする盾として、強力なモスクワ市長ルシコフ（強力な潜在的な候補者と目されていた）にたいする盾として、支持された。しかしながら政治的には、このことはたんなる政府の交替以上のこと、実質的には体制の変化を意味した。これは、大統領に完全に従属した政府から、政府にたいするより明らかな議会的コントロールへの転換であった。

新たな政府はあらゆる党派からの構成員をふくみ、実際のところ連立政府である。しかしながら、それは特定の政党の支持を有してはおらず、すべての政党間で均衡することを運命づけられている。このことが、その政策において市場的施策と反市場的施策が混乱していることを説明する。

以上が一九九八年危機の、簡潔な大まかな、そしてかなり単純化された政治的、経済的な歴史である。

原因と教訓は何か？

教訓は、いまだに熱く議論されている。

一九九二年以来ロシアにおけるＩＭＦの主要な人物であった、ジョン・オドリング＝スミーは「ロシアでなにが間違っていたのか？」（Odling-Smee 1998）という記事を書いた。これはこの出来事にたいするＩＭＦの一つの評価であると考えられる。彼はロシア政府によって辿られた基本的な政策の路線を弁護し、近年達成された経済改革の過程を評価している。しかしながら「そこには、大雑把に定義すると、改革の成功を追求するのに必要な財政的な節度を強制するための国のリーダーシップをめぐって、十分な合意と意思とがなかった」。したがって主要な問題は、彼によれば、意思にあるように思われる。しかしながら、したいことと、できることとでは全く違う。したいという意思は重要ではあるが、それは立法的組織的な能力の代わりにはならない。筆者にいわせれば、最高職をしめるもっとも急進的で非妥協的な多くの改革者たち（ガイダール、チュバイス、ネムツォフ、キリエンコ、そしてウリンソンのような）をふくんでいた政府は、大いにやる気はあったものの、しかしながら根本的な変化を進めるには弱すぎた。この弱さは多くの外的要素がもたらしたものであった。立法府における政治的支持の欠落、そしてこの制度のみならず社会全般へ全く無知であったことはその一つであった。この政治的な傲慢は、かれらの個人的な性格からのみ生じたのではなく、執行と立法のあいだの良好な関係をもたらさなかった基本的な制度的ルールによって持続的に発生させられていた。政府の改革者には改革意思はあったと考えられるが、彼らは強力で頼りになる大統領の庇護のもとで何でもできるという考え方にとらわれていた。実際の出来事は、大統領はそんなに強くはないし、支えとはならないことを証明した。

教訓の大変興味深い分析が、最近の「ヨーロッパの経済的概観」にしめされており、これは争点となるべき一連の教訓を提示している。ぜひこれに注目することを勧めたい。

この調査は、一つの教訓は「深いミクロ経済的な再構築と基本的な制度改革は、移行経済における新たな市場環境の形成とってのみ重要なのではなく、マクロ経済の安定性にとっても同様に重大である」と主張する。それはマクロ経済改革優先の正統信仰を否定する。このことから「より漸進的なインフレ緩和、しかも制度改革のためのより強力な計画に基礎づけられた異なるポリシー・ミックスは、長期的なマクロ経済の安定化に関して、より効果的であったはずである」と続く。

筆者は、原則的にこれに賛成する。しかしながらそこには大きな「もし」がある。現実になされていることについての選択は、IMFの提案や特定の大臣たちの個人的な信念のみによって予定されていたわけではない、と筆者は信じている。それは一九九三年に導入された政策や憲法上の制度設計によっても影響をうけていた。筆者の意見では、より漸進主義的で制度志向型のポリシー・ミックスも、まったく異なった政治を必要とする。政治的なそして制度的な環境自体も、特定のポリシー・ミックスを選択する可能性の一因となる要素である。より制度志向型の方策は、行政と議会のあいだに持続的な分裂的な抗争がある場合には、見込みがない。もっとより協調的な関係を必要としており、もっと長くかかるであろう。この間、この時期のすべてのロシア政府は、短期間の展望しかもっていなかった。

したがって、もっとも見込みのある政策とは、大統領と政府だけが一方的にかかわることができたものであった。この政策には政府と中央銀行との協調のみが必要とされていた。そのうえ、機会の政治的な窓口がいつまであいたままでいるのか、明らかでなかった。経済の基本的構造的基盤を変える制度上の改革について、彼らは立法府とのより多くの共同作業を必要とした。政府は、議会との協調が、可能であるとも、支持できるとも、確実であるとも評価しなかった。最近の歴史（一九九三年の出来事）、政党構成などのために、政府がそのように考える深刻な理由があった。しかしながら、それ自身協調的な接近を探り、すすめるためのことを何もしなかった。政府は大いに傲慢で、無礼であった。さらに、憲法的制度的な枠組みがこうしたかたちの協力にとって助けとはならなかった。現実の成功が成し遂げられたすべての移行国（ポーランド、ハンガリー、バルト諸国）が、協調的行動にとってよりよい環境を提供する議会的なあるいは準議会的な体制をもっていることを、ここで指摘することは有意義である。

政治と政治制度とは大きな意味をもつということが、今日のロシアの移行における主要な教訓の一つであると筆者は考える。政治と政治制度とは、実現されうる政策の選択に影響をおよぼす。最近のダグラス・ノース（一九九七年）の一部を引用させてほしい。移行経済を論じながら彼は書く。「ひとつの重要な厄介な問題は、政治経済についてのわれわれの理解の欠落であった。われわれは率直にいって、いかに有効な政治的市場を創造したらよいのかわからない」。つづけて「われわれは率直にいって第三世界の政治体制、移行経済、あるいは他の経済のよいモデルをもっていない。経済と政治の接触面は、われわれの理論において依然として原始的な段階にある。しかしながら、もしもわれわれが意図と一致した政策を実行しようとするならば、それは非常に重要である」(p. 16)。

筆者は危機の始まり以来、より多くの問題が明らかになっていると考える。あともう一つだけ引用文を提供したい。「立案への回答は、技術的な専門家に残された技術的な問題ばかりではない。リスクと見返りをはかりにかけるのは、政治的な決断であり、政治的に責任のあるものによってなされる必要がある。国は「正しい」路線についての単一の選択肢をあたえられるべきではない。このような訴えを主張するのは間違っており、誤った方向へと導く」(Stiglitz 1998b)。これは、九月にヨーゼフ・スティグリッツによってなされた講義からである。ロシアのケースは、いかに政府の責任の乏しさが行きづまりの一因となり、間違ったポリシー・ミックスの可能性を増加させるのかという、よい実例を提供している。

政治制度と政府の能力

ロシア首相（当時）プリマコフがいったように、危機の主要な結果は、危機の最悪の帰結であったルーブルの価値下落でもなく、支出が下がったことでもなく、信頼性の完全な危機であった。ただ信頼できる決断力のある政府だけが、先へ進むことができ、そのためには政府は制度の健全なシステムを必要とする。統治を改革することは、あらゆる回復の鍵となる前提条件のひとつである。しかしながら、制度における変化は、それ自体が完全な手詰まり状態にある政治過程を通じてのみなされうる。

移行を容易にすることのできる基本的な制度上の特色をみてみたい。ここで筆者が主として伝えたいのは、現在の制度的な枠組みでは政府は信頼性も決断力ももちえないということである。さらに、既述したように、これらの制度は、外からのいかなる助言にも劣らず、特定のポリシー・ミックスへとながれる一因となっていたと筆者は信じている。

ロシアにジョークがある。

ロシア経済には二つのシナリオがあり、一つは楽観的なもので、もう一つは空想的なものである。楽観的なものとは、異星人がロシアにやってきてすべての問題を解決するというものである。空想的なものとはロシア人自身がそれを行なうというものである。

たとえほとんど実現できそうにみえなくても、改革を進め、制度的な構造と誘因を変える以外に、他に危機から脱出する道はない。国際社会からの財政援助も助言も、政府の建設的な行動の代わりにはならない。同時に、われわれはロシア政府（広い意味で、統治機構総体）が行動することが不可能であることを知っている。それは行政と立法のあいだ、行政内部と立法内部の闘争を、ありとあらゆる既得権益があおることによって立ち往生している。多数の制度的な拒否権の機会が、迅速な対応を困難にしている。政府が行動する場合は、物事をよりよくすることのない、きわめて弱められて妥協的なかたちでなされる。

経済の改革と適応にかんする政治経済を議論する膨大な文献がある。この論点は、多くの国々でたくさんの議論をひきおこしているが、これについての研究はまだ揺籃期にある。このことが、なぜ全般的な傾向について述べることができても、明快な判断については述べることができない理由である。

政治体制がいかに経済政策にかかわる信頼性と決断力とを生みだすのか、というのがここではもっとも重要な論点である。われわれがみたように、エリツィンの健康不安、潜在的な政治的後継者の台頭、社会不安などによって引き金を引かれたロシアの統治制度の低い信頼性と決断力とは、パニックを生み、そのあとに投資家を国から撤退させる基本的な要因である。

信頼性とは、基本的に、すべての投資家と主要な経済的なプレーヤーのあいだでの、政府が特定のコースにかかわっていることへの信頼である。これは制度上の特徴が政策的な対立を抑制するということを意味する。決断力とは、政府が行動することのできる早さである。これは複数の拒否権の方法や頂点の政策決定者と政治家がどれほど重要な決定を遅らせるか、ということに関係している。しかしながら、この二つの点は、ときとして衝突するかもしれない（Haggard and Kaufman 1992; Haggard and Macintyre 1998)。

信頼性と決断力とは、ロシアの基本的な制度的（憲法的）な設定によっていかに影響されうるのであろうか？

議会制対大統領制

第一に、これは議会制対大統領制の問題である

一般的に、議会制は改革を開始し、支持するのにより良いようにみえる。ジョエル・ヘルマンが「憲法と経済改革」という報告書で示しているように、大統領制の程度と経済改革のあいだには強い相関関係がある。強まった大統領権力は、経済改革に否定的な効果をもつ。これは表9（J.Hellmanより転載）によってよく描かれている。

なぜそうなのか？　大統領制は通常以下を有する。

・多くの拒否権［発動］地点［事項］（これは信頼性をより提供するかもしれないが、決断力はあまり提供しない）

表9　大統領権力と経済改革

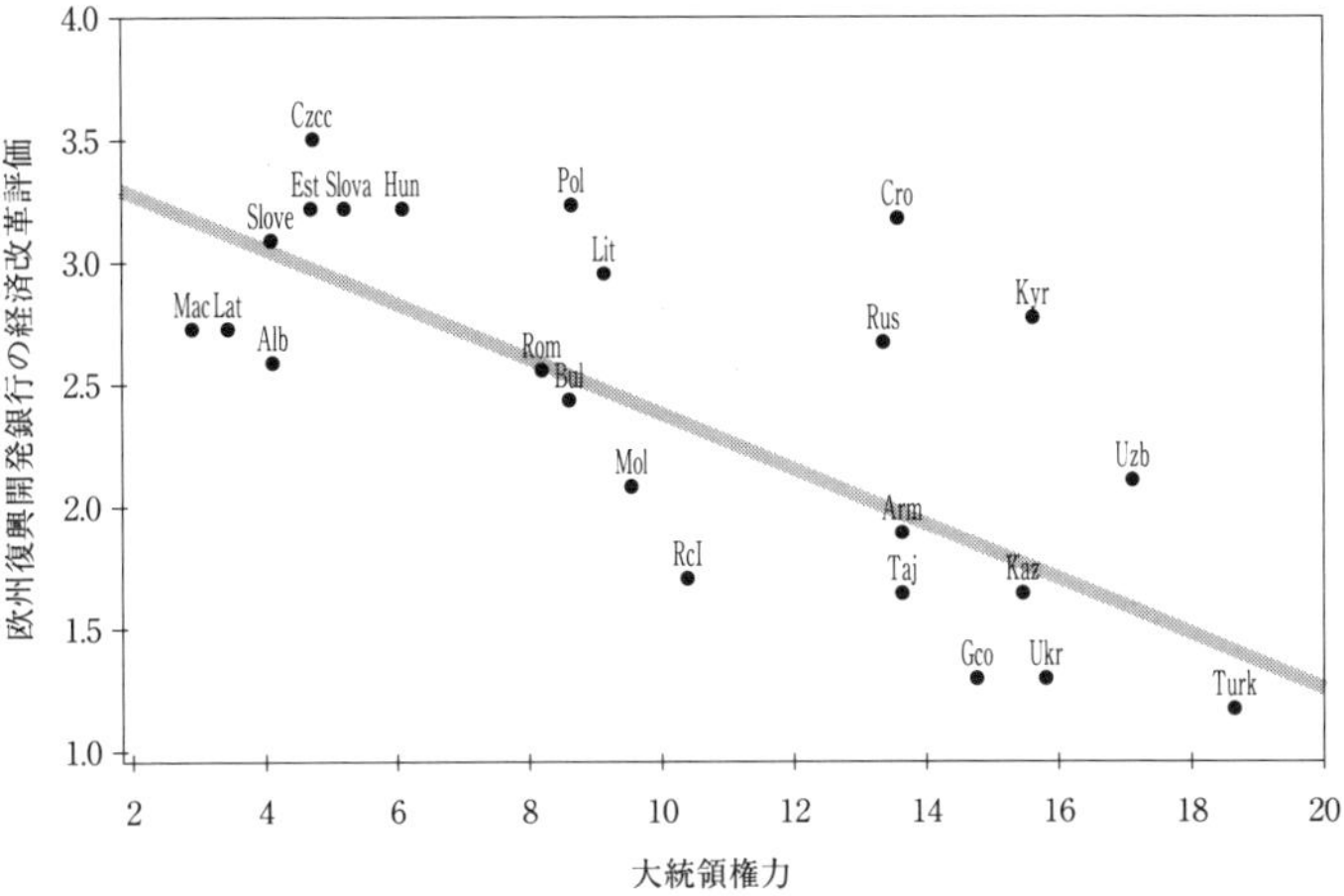

出所：*J. Hellman, 1997.*

・分割された政治的権威は部門間の膠着と激しい対立とを導く（双方の減少）
・大統領制における立法府は効果的な統治を形成することに取り組まず、自身の人気をたかめ、かれらの職を安泰にしようとする（決断力の減少）
・大統領制は一人の人間にあまりにも依存しすぎる。

大統領がその政治的な支持を失ったり、病気になると、緊急に必要とされる不人気な施策を適用するのがとても困難になる（決断力の減少、さらに政策の膠着さえも）

われわれはこれらすべてをロシア政治にみることができる。すべての経済的政策形成制度のなかに数多くの拒否権の理由が埋め込まれている。あらゆる争点をめぐって激しい対立がある。自分たち自身の利害を有しているから、立法府議員は政府と協力することにほとんど興味をもっていない。エリツィンの健康とその個性のいくつかの特徴とは、政府と議会との関係を悪化させている。多くの政府の上級職員たちが、大統領候補者や部外者として議会に来ているので、彼らは立法府議員と協力する気持をほとんどもっていないし、逆もまたそうである。このことは、健全で活力ある立法をつくりだす制度上の能力に逆行して作用する。

政党システムにおける分裂と分極化

大統領制において、政党の分裂は、行政が政治的に孤立し無力になる機会を増大させている。小さな政党や個人にとっては、政府と協力しようという動機は弱くなる。彼らは集合的な行動の問題に直面する。分極化は、反調停的な集団からの分配の要求を増幅させるイデオロギー上の対立にいっそう火をそそぐ。分裂と分極化の結合は、また、政治的景気循環を悪化させることによって、経済運営に影響する。

まさしくこのことが起きている。ドゥーマ（議会）は分裂し、イデオロギー的に分極化している。分極化は、正統的な共産主義者と正統的な自由主義者との間にある。いかなる党派もドゥーマを支配していない。しかしながら、代理人の私利私欲によって強いられた、変更された諸決定には熱心である。なぜならば、このドゥーマにはつねに大きな多数派があるからである。もしも迅速で難しい決断が必要とされても、これらは、長くて時間を浪費する議論によってつぶされてしまうだろう。

政治的景気循環

政治的景気循環とは、選挙を優先させた政治家の操作の結果である。これらは選挙前の時期の政策を妨害し、経済や民衆に重い費用を負わせる。超大統領制的憲法の設計にほとんど埋め込まれているような、行政と立法のあいだの激しい対立は、政治的景気循環による経済運営の公算を増大させている。これらすべてが、直接に信頼性と決断力に影響する。政治的景気循環については、のちに詳述する。

経済政策形成の中央集権化

中央集権化された行政の権威は、包括的な経済改革にかんする集合的行動の問題や配分上の争いを克服するのに枢要な役割を演じている。たとえば、財務省における財政政策形成の中央集権化は、政府が、増税と支出削減の双方に関連した衝撃に迅速に対応することを可能にする。

ロシアの財政政策を形成する制度は、高度に分権化されており、財務省は、予算外資金や地方支出について、ほとんど監督権をもっていない。財務省、経済省、いろいろな予算外資金、その他さまざまなものがある。それらすべてが特定の財政上の動きに監督権をもつと主張する。このことが、不透明性、誤った財政運営、腐敗と混乱を増す。過度に政治化され、改革不能な税収体系は、支出の要求が非常に強くなるなかで歳入における損失の一因となっている。われわれは、税査察の監督権をめぐるさまざまな官庁の綱引きをみてきた。これを財務省のもとにおく試みは、おもに政治的な理由によって失敗した。財務省は、政府内や大統領府に陳情された要求に、しばしば抵抗することができず、また政治的に重要な地方の財政政策と公的支出を制御できなかった。チェルノムイルジンの政府は、さまざまなロビイストの利害を明確に代表した、非常に異なる人々の混合であった。あるものは伝統的な部門を代表し、他のものは新たなビジネス帝国と結びついているようにみえた。

地方の支出は、あいかわらず不明なことの多い独特な物語である。横領についての報告はたくさんあり、多くの地方公務員が逮捕されている。しかしながら、この領域はまったく不透明なままである。たとえば、財務省はある地方に公的賃金を支払うために送金するが、金はどこか他のところにいってしまい、誰もその終着点を知らない。もちろん、地方政治家はそれをよく知っているが、それについてむしろ沈黙を選び、新たな送金を要求する。

地域政治と財政連邦制

これは固有の大きな論点である。簡単にいうと、たいていの地方が望んでいるのは、自分たちの必要のために権利を獲得し（下記の公共部門を参照）、ほとんど税金を払わないことである。地方政治家は、地方の安定と自身の再選にもっとも関心がある。このことが、より賢明な財政政策や再建に焦点をあてた施策に反する結果をもたらす。彼らは独自に選出されているので、あらゆる政策を止めるに十分なほどに強力である。結果は同じである、つまり低い信頼性と低い決断力とである。

もちろんこれは、ロシア政治がいかに経済政策に影響を及ぼすか、ということを完全に列挙したものではない。にもかかわらずわれわれは、多くの制度的な仕組みが政策効果に逆らい、信頼性と決断力を掘り崩しているのを、明確にみることができる。これらは、改革と回復への途を失速させる政治的な障害物である。危機の前と初期の段階における投資家たちの行動に注目してみれば、この行動（資本流出と貸し出し利率の引き上げ）は、おもに彼らがロシア政府の政策を非信頼的で非決定的であると考えた、という事実によって駆り立てられたといえる。

経済における政治操作——三つの例

ロシア経済における政治的な操作の例は、たくさんある。そのうちいくつかは、周知のものとなった。それらは騒々しいスキャンダルにともなわれている。これもまた、信頼性を掘り崩し、決断力に否定的に影響し、不確実性を増大させる。たとえば、民営化の顛末や一九九五年から九六年にかけての株券融資の分配をみてほしい。他の例は、インフレにおいて政府と主な株主たちとのあいだでの特別な暗黙の合意に裏打ちされた一九九五年から一九九六年の急速なインフレ緩和である（Treisman 1997)。

ここでは、政治的経済的相互作用の二、三の事例を示したい。それらは、(a)財政政策と賃金遅滞、(b)政治的景気循環、(c)公的部門の展開、に関係する。事情はそれぞれ異なるけれども、ここでの共通点は、ロシア政治と経済政策が、双方に多くの害をもたらしながら、どのように互いに影響しあい、また信頼性を掘り崩しているか、ということである。

賃金の遅配

すべてのロシア観察者は、賃金が期限内に、また完全に支払われないことが、現在の経済事情の固有な特徴であることを、よく知っている。たいていのこれらの遅配は民間部門でみられるが、政府が直接、間接に主導している。すなわち、政府が債務を支払わないならば直接に、また遅配を罰せられないなら、同じことをするという動機を民間の雇用主につくりだしているという意味では間接にである。政府の遅配は、国庫が空であるのに対して、予算の支出が膨張し続けることによって生じる。これがほとんど毎年のことである。

筆者は、現在の政治的、そして制度的な環境のもとでは、健全で責任ある財政政策を組むのは非常に難しい、と信じる。拒否権行使の理由があまりにもありすぎ、政府と議会との対立は根が深く、制度的に決定づけられている。

ロシア憲法にしたがうと、政府は議会に責任をおうのではなく、ほとんど独占的に大統領に責任をおう。議会（共産主義者と農民党とジリノフスキー党によって代表される、左翼とナショナリスティックな野党が支配する下院）は、予算を承認し、立法を採択しなければならないが、これが一般的に財政政策についての権力の限界である。政府とその政策への直接の影響力をまったくもたないことは、立法議員がより膨張主義者となり大衆迎合的な姿勢をとる傾向を増加させる。ここでは、議会の上院は――地域的な利害を代表する連邦議会は、陰に陽に国家ドゥーマ（下院）を支持する。議会は一貫して支出、とくに増大する給与、賃金、年金と給付金を引き上げている。同時に、一層の緊縮財政をもたらすことのできる重要な立法を妨げている。

政府は、財政赤字を制限しインフレの目標を低いレベルにおくという、国際的な経済組織の圧力の下にあり、社会的な浪費の増大に抵抗してきた。にもかかわらず、政府は管理を緩める強い誘因をもっている。

政府が期限内に予算を通過させることに政治的、経済的な重要性をおいたことは、両方の側を、支出を上昇させる妥協へと押しやった。この顚末は単純にみえる。予算案は典型的に支出を制限するように仕立てられている。しかしながら、緊縮予算は立法府によって通過を阻まれ、その結果、支出の計画がつねに膨らむような、懐柔的な委員会へといく。このように政府と議会のあいだの争いは制度的に与えられている。親政府的傾向の代議士さえも、結局、特定の地域や産業団体のロビイストに成り下がる。歳入を上昇させ税を集めることについての政府の限られた能力が欠陥を広げる。これは改革が始まって以来ほとんど毎年おきている。予算上の配分割り当てのほとんどはのちに減らされるとしても、不十分な歳入のために、それらは直接、請求の総額と比率の両方に影響する。

さらに、公共部門で遅配がおきるが、一方では遅配は、支払を行なわないという明確な動機をえる民間部門へと途をひらいている。高い公然の失業を避けるとはいえ、隠れた非常に偏った賃金削減の道具となる。裕福なもの（より高い基礎賃金という意味で）は、インフレ収縮によって利益を得、遅配によって損をしない。裕福でないものはインフレ収縮によって利益を得るが、反面では賃金の遅配によってより多く損をする。実際、後者はより低いインフレと低い公然の失業に対して人口の貧しい部分によって払われる税にひとしい。期限内の支払いと完全な支払いは、共通の善に適合する。

興味深いことに、特定の時点までは賃金の遅配は、政府にとって政治的にそれほど困難なものではなかった。国は一九九六年から一九九八年前半までインフレは低く、失業率は相対的に低く、その一方で、遅配にあった者たちは脅威を主張するには政治的に弱すぎた。

しかしながら最終的に、累積し蓄積した未払いの債務は、厖大な国内債務へと貢献し、さらに政府の財政の地位と信頼性を掘り崩した。これはまた、政府には構造的な改革を主導する能力がないことを照らし出した。一九九八年には、増大する遅配の蓄積は、崩壊を加速させ、政治的な不安定さを増加させ、より強い抗議を招いた。

二、政治的景気循環

国は数多くの選挙を経た。最近の例は九五年の議会と九六年の大統領の選挙である。一連の地方選挙がそれに続いた。次回は、一九九九年と二〇〇〇年に予定されている。残念ながら、選挙に関連した特別な支出や現金の要求について多くの証拠がある。

何十年も（何世紀ではないにしても）経済学者は、政治家がさらなる票をえるために選挙前に経済を操作している、と信じている。しかしながら経験的な証明は難しかった。われわれはロシアにおけるその証拠を探し、二、三の鍵となる変数が選挙の引き起こす循環をしめしている、という証拠をみつけた。結果は表10に示されている。

参考までに賃金政策をみてみよう。われわれはいま、人々を貧困に陥れ、膨大な問題を生みだし、不平等を増大させ、政治的そして社会的な安定性を浸食し、そして最終的に国内債務を加算する賃金遅配について論じてきた。賃金遅配の増加はまた、予算に組み込まれている公共部門の賃金請求が支えられなくなったことも意味する。一九九六年の一連の公共部門での賃金上昇は、一九九五年の議会選挙と一九九六年大統領選挙のための活動にともなう副産物であった。一九九五年から一九九六年の前半にかけ

表10　ロシアの便宜主義的な政治的景気循環

	国民投票 1993年3-4月 （1カ月）	議会選挙 1996年10-12月 （2カ月）	議会選挙 1995年8-12月 （4カ月）	大統領選挙 1996年1-6月 （5カ月）
策用具と財政手段				
最低賃金の変化	2.01	2.23	.31	.29
年金最低額の変化厚生・教育・社会	−.93	2.27	−.11	2.73
政策の連邦支出の変化				.19
地方交付金の連邦支出における変化	n. a.	n. a.	4.14	1.10
通貨ベースの成長比率	.60	.87	1.24	−.35
GOK/OFZ 未払い分の量	n. a.	.12	.41	2.36
経済効果				
失業率	−.82	1.43	−.26	−.83
平均実質賃金の変化	2.76	.53	.15	−.57
実質遅滞賃金の変化	−.04	−.19	.20	−.74
貧困人口の変化	−2.20	−1.46	.00	.32
インフレ率	.16	−1.18	−1.89	−.21
選挙数カ月後のインフレ率の変化	3.80	.16	.22	.77

出所：ILO/OECD definition.

て、七回の最低賃金の調整があった――それは改革の他のいかなる期間よりも頻繁に導入された。この頻発は、インフレが他の時期にくらべて高くなく、成長が再開されてない以上、選挙上の理由によってのみ説明がつく。入手可能な資金源は約束のほとんどを支えることができなかった。そして徴税の能力は、選挙期間のずっと以前から、そしてまた直後に衰えた。予算から資金が供給されている部門において、賃金要求の増加は最も大きかった。例えば科学部門において、支払われるべき実質賃金の一年ごとの成長は、一二％であった。一九九六年の選挙が終わると、経済における賃金の成長は第一、第二四半期（前年の同じ時期と比べて）における一五〜一六％から一九九七年の第一四半期の三％へ下落した(5)。しかしながら、賃金要求におけるインフレ的な効果は、一九九六年末までには、この圧力はおもに遅配によって相殺された。

両方の国政選挙が終わると、選挙戦は地域に移った。一九九六年の秋以来、ほとんどすべてのロシアの地域は、首長および地域、地方議会の選挙を経験した。これらの選挙戦は、地方財政にとって、とても高くつく。地方選挙がいかに経済政策に影響をおよぼすかについての特別な研究はないけれども、地方選挙は公的賃金請求を増大させると推測するのが論理的である。

毎年あるいは二年に一度、国政選挙があるとすれば、それは改革にとって非常に悪い背景である。もしこれらの選挙が操作と結合していることが周知のことがらとなれば、これは信頼性への追加の一撃となる。そして、政治家の決断力にたいしても同様である。

三、再分配装置としての公的雇用

最後の事例は、公的雇用と結びついた再分配政策についてである。雇用傾向の大勢は、（絶対的な意味でも相対的意味でも）明らかに下降線をたどっている、そしてそこには相対的にも絶対的にも銀行、保険、不動産など新たな市場を志向した部門における成長がある。それ以外のものをみることはほとんど期待できない。しかしながら、以前からむしろ過剰で、いまなおほとんど公的に経営されている教育や医療部門において、おどろくべき相対的で、しかも絶対的な成長を観察することができる。さらに、地域間の重要な偏差がある。ここでの疑問は、公的雇用における地域間の偏差がいかに説明されるかということ、地方政府の再分配の要求といかなる関連があるかというものである。

公的雇用に依存する状態にある後退の二、三の代表例をたどってきた。筆者が得たことは、高い公的雇用は、一人当たりへの移転（per capita transfers）と、低いGDPとに結びついているということである。相対的に低い価値しか生産せず、そのために補助金に依存する地域は、限定された部門でのより高い雇用を有する傾向がある。文化、教育、医療と行政活動の主要な拠点としての最も大きな二つの都市は、あきらかな例外であり、これらはなんらかの方法でこの雇用を減らしている。しかしながら、他の事柄には差がないと考えると、地域財政を補助するための一人当たりの交付金は、もっとも重要である。GDPを重視するならば、それは逆に作用している。（表2）

配分と公的雇用の緊密な結びつきは因果関係の向かうものはなにか、ということを言いはしない。移転がこの雇用に支払われるのが常であるという意味ではない。最近の研究は、移転の主要な受取人は、建設や農業等の他の部門であることを示唆している（Freinkam and Honey 1997）。しかしながら、公的雇用の高い割合は、それにはほとんど払われないにしても、より多くの移転への要求の口実として利用されうる。その重要な部分が政治的に社会的に微妙な部門であるために、中央政府への圧力をより強くするための追加的な論拠として利用されうるだろう。全般的な政府は、主債務者であり、公的部門と賃金遅配との地域を超えた関係は、頑強で明確である。遅配全体の重要な部分は、医療と教育にあり、そこは慢性的に資金が不足している。そしてしばしば報告されるように、賃金を目的とした資金は、通常、別の使途に流れている。

過剰化して、かつ支払いが不十分である、教育と医療における公的部門は、困難を悪化させる。能力と地位の喪失、やる気の低下は、サービスの質の低下をもたらす。低い基本給と結びついた賃金遅配は、増大する政治的、社会的な緊張へと導く。このようなグループはよく組織化され、容易に動員されるので、かれらは国を幅広く不安定化させ、公的財政への圧力を高めるストライキ運動の主要な要因である。これはまた、中産階級をむしばみ、医師と科学者にくわえて教師もその中核となりえ、公的部門の改革を阻止し、不透明性と腐敗の可能性と結びつく。これらすべてのことがさらに政府の信頼性を掘り崩す。わたしたちは悪循環に陥る。このような現実の財政的抑制のもとでは、これらの部門におけるより多くの公的雇用とは、低額で、しかも遅れた支払と相応する。より多くの資金を要求するために、地域は公的雇用をますます膨らませ、さらなる遅配の引き金を引く、等々。

結　論

ここでの主要なメッセージは単純である。基本的な政治制度は、移行の成功と失敗に寄与することによって重要な役割を演じている。それは、改革を実行する政府の信頼感と決断力に影響をおよぼす。また、あれこれの特定のポリシー・ミックスを引き受ける可能性に影響をおよぼす。そのうえ、経済的なそして政治的な移行の両方を掘り崩すさまざまなゆがみを発生させることもありうる。最終的に、今日のロシアでの移行の失敗は、他の原因のなかでも、とくに一九九三年に導入された憲法上の、そして政治的な制設計の結果なのである。

引用文献

Gaddy C. and B. Ickes (*1998*). Russia's Virtual Economy, Foreign Affairs, Vol. 77, No. 5.

Gimpelson (*1998*). Politics of Labor Market Adjustment, Discussion Paper, Collegium Budapest, 1998.

Haggard and Kaufman (*1992*). Politics of Economic Adjustment, Princeton.

Haggard S. and A. MacIntyre (*1998*). The Political Economy of the Asian Economic Crisis. Review of International Political Economy, Vol. 5, No. 3, Autumn.

Hellman, J. (*1997*). Constitutions and Economic Reforms in the Post-Communist Transitions. In : J. Sachs and K. Pistor, ed. "The Rule of Law and Economic reform in Russia".

North D. (*1997*). The Contribution of the New Institutional Economics to an Understanding of the Transition Process. WIDER Annual Lectures 1.

Odling-Smee J (*1998*). What Went Wrong in Russia? Central European Economic Review, November 1998.
Primakov Ye. (*1998*). Speech at the World Economic Forum session in Moscow, Dec. 1998.
Stiglitz J. (*1998a*). More Instruments and Broader Goals : Moving Toward the Post-Washington Consensus. WIDER Annual Lectures 2, WIDER, January, 1998.
Stiglitz J. (*1998b*). Responding to Economic crises : Policy Altematives for Equitable Recovery and Development. Lecture an North-South Institute Seminar, Ottawa, Canada, September 29, 1998.
Treisman, D. (*1997*). Russia's Anomalous Stabilization. World Politics, No. 1, January.
Treisman and Gimpelson (*1999*), Political Business Cycles and Russian Elections, or the Manipulations of "Chudar". Mimeo.
Shleifer (*1997*). Government in Transition. European Economic Review, 41, p. 385-410.
UN/ECE, Economic Survey of Europe (*1998*), No. 3.

第5章 移行期ロシアの環境——エコロジー状況と環境行政

はじめに

ソ連邦崩壊後、移行期の経済危機の中、ロシア連邦の環境状況および環境行政を取り巻く条件は、一九九八年八月の財政破綻を経て、さらに厳しさの度合いを増している。

「安定的発展」を標榜しつつも、経済は構造的に資源産業に大きく依存している以上、ロシアも他の発展途上国と同様に「環境か開発か」という問題に直面せざるをえない。急がれた市場移行の過程において、優先順位の劣る環境問題課題の解決はソ連邦期から積み残され、新たな政治・経済・社会条件の中では、国民生活と保健（生存）に脅威を与えるほどに悪化している。

本稿は、このような近年のロシア全般のエコロジー状況と環境行政の傾向を概観することを主たる目的とするものである。

市場移行とエコロジー状況

まず、近年のロシア連邦のエコロジー状況は世界との比較でどのような水準にあるかについて簡単に触れたい。

ペレストロイカ以降、旧社会主義諸国の環境問題の存在と深刻さは広く西側に認識されたが、ロシアのエコロジストや環境行政側の自国に対する認識はどのようなものか。国家環境保護委員会議長ダニロフ＝ダニリャンらの共著『過去と未来の間の環境――世界とロシア』における評価は、次のようにまとめられよう。

破壊された土壌面積は、砂漠化や水・風による侵食、都市周辺地域の有毒物質による汚染、人口集中やインフラストラクチャーなど各種の劣化要因によるものを加えると二億二二〇〇万ヘクタール、ここにチェルノブイリ・ウラル関係などの放射能汚染を加えると二億二八〇〇万ヘクタールとなる。ロシアの土壌破壊は、世界的土壌破壊の指標の平均数値に近いが、要因によって破壊程度が異なり、侵食は世界平均よりいくらか低く、土地改良による土地破壊は顕著に高い[1]。

森林についても世界的傾向と同様に環境破壊が進行しており、その破壊要因は様々だが、最も大きな被害を与えているのは、森林伐採と森林火災である。ロシアでは、これらにより、年間一〇〇万ヘクタールが破壊されているが、これは世界平均（一八〇〇万ヘクタール）よりかなり低い[2]。

ロシアでも、動植物の種の消失過程が進行しているが、熱帯地方での種の消失速度と比較すればかなり状態はよい。ただし、世界には四億二五〇〇万ヘクタール（数は約三五〇〇）の保護区があるが、内、ロシアには保護区と国立公園の総面積が二〇〇〇万ヘクタールしかない、つまり、ロシア連邦は地球の陸地の一二％以上を占めながらも、保護領域面積は世界の四％強しかない。また、保護区内でも種は消失するものであるから、ロシアの保護区のシステムは稀少種の保護を実行するためにはあまりにも脆弱である。(3)

また、水汚染の規模と速さは、他の自然環境の劣化よりもかなりひどく、徹底的な総合対策プログラムが特別に必要である。地表の水汚染は人間の経済活動（生活・産業排水、農業・畜産地帯からの排水、大気中物質降下）によるものが多いが、農業・資源採掘・地下核実験等による地下水の汚染も忘れてはならない。(4)

大気中への汚染物質排出量の面積当たりおよび一人当たり量は、先進国と比較して大差はないが、ロシアの特徴は炭化水素と重金属の排出量が増加している点である。これは、汚染源となっている約二万五〇〇〇の企業（主に冶金、エネルギー、石油化学工業）のうち三八％に浄化装置が未設置で、さらに、設置企業のうちでもその装置の約二〇％が全く稼動していないか、効率的に稼動してはいないということと関係している。自動車交通からの排出についても、自動車数の増加は西側の中古モデルの増加に負うところが大きく、先進国での現代的な要求（燃費やガソリンの低鉛化など）の方向では大きく立ち遅れている。(5)

すなわち、ロシアのエコロジー状況は、六〇～七〇年代初めのアメリカ・西欧の「非常に汚い経済」

の段階であり、環境劣化のテンポと規模は現在の先進国と発展途上国との間に位置する。(6)

次に、移行期のエコロジー状況の推移を概観してみよう。経年変化でみると、指標の中で顕著に改善された指標――固定汚染源からの大気中への汚染物質排出量――がある。国家統計委員会の環境統計によれば、一九九二年から一九九四年にかけて、固定汚染源からの大気への汚染物質排出量は毎年約三〇〇万トンずつ減少しており、(7)市場化過程における国民経済の生産力低下によるものと説明されている(旧ソ連邦諸国のほとんどで同じ傾向が見られる)。

ロシアの大気汚染データの信頼性に対しては一部で疑問視する指摘があるが、一連の都市では確かに大気汚染の減少が認められている。(8)

しかし、その一方で、移動汚染源からの排出による局地的な汚染が進んでいる。モスクワをはじめとするロシアの一五〇都市以上では、自動車交通からの排出量が産業からの排出量よりも顕著に多い(トムスク、クラスノダール、モスクワ、ロストフ・ナ・ドヌ、エカテリンブルグなど)。(9)

ロシアの代表的なエコロジストであるヤブロコフ(海洋生物学者であり、みずからが創設したNGO・環境政策センター代表)の認識では、ロシアの大気汚染は一〇年前よりも改善したが、水質は悪化しているという。(10)

一九九七年の環境統計に関して、モスクワ大学生物学部教授のマルフェーニンは、工業生産低下の際に大気汚染レベルはいくつかの指標において若干改善したが、他のいくつかの指標においては増加さえしている(一酸化炭素は一一%、二酸化窒素は一八%)ことを指摘し、その原因を環境保護関連施策への資金削減によって説明できるだろうとしている[11]。

固定汚染源による大気汚染指標の改善は、環境政策の浸透・浄化設備の設置などが原因になるものではなく、環境保護施策実施による改善は四分の一を占めるだけである点から[12]、経済の回復時には（あるいは、経済回復を待たずして）大気汚染についても水汚染と同様、指標の悪化が必至である[13]。

ロシアの環境劣化のテンポと規模は先進国と発展途上国の間に位置するという認識については上述したが、法的整備がなされても執行の実態において（人的・財政的・組織的制約等の）問題が残るという点でも、この認識は裏付けられる[14]。

このように、移行期のロシアの環境状況のうち、短期的な変動を受けやすい分野（大気汚染）には急激な変化が見られたが、それ以外の分野には、ソ連邦時代の環境破壊の特徴が色濃く残っている。すなわち、農業に関連する灌漑・干拓など土地改良による土壌破壊、資源・エネルギー・化学工業などによる水・土壌・大気の汚染（固定汚染源からの大気汚染の三分の二は冶金、エネルギー、石油化学企業による）[15]、放射能汚染、資源浪費型の旧式産業技術と浄化施設の不備、安全管理不徹底による事故の多発など、構造的なものを引きずっている。

一方で、従来未発達だったために比較的指標が良いもの（フロンガス、温暖化ガス排出量など）もある。地球環境問題や越境汚染に関しては、ロシアが常に汚染者であるわけではなく、ヨーロッパや中国などからの被害を受ける事例もある。

グラスノスチによる環境データ公表後、ソ連邦の環境問題をテーマにした西側出版物の中には「これ

ほど組織的かつ継続的に環境を破壊した産業文明はかつてなかった」と書いたものもあった。(16)

しかし、ペレストロイカ期とは異なり、移行期のロシアのエコロジストたちは、環境にもたらされる市場化の影響について、期待だけでなくその危険な側面についても認識している。(17)

市場経済における開発が環境に与える負荷が大きなものになりうる可能性を捉えての反論にそれを見ることができる。(18)

移行期の環境と政治

環境問題悪化の一応の決算として、ソ連邦で初めて環境保護に関する独立機関「国家環境保護委員会」が設立されたのは一九八八年。その後、省への改組を経て、天然資源と環境保護の行政システムは自然保護省を中心に統合されたが、そこでソ連邦の崩壊を迎えた。

ロシア連邦に関していえば、旧ソ連邦とロシア共和国の自然保護省が統合されロシア連邦環境保護天然資源省となったが、移行期には、特に一九九二年を境に分散傾向を見せ、環境保護省傘下の資源委員会ブロックが抜けていき、一九九六年八月にはついに環境保護省自身が廃止され、天然資源省と国家環境保護委員会が創設されることになった。一九九六年大統領選挙後、八月に行なわれたロシア連邦行政府の機構改革によるものであり、八月一四日付の大統領令「連邦行政府の組織構造について」によって、ロシア連邦環境保護天然資源省は廃止され、そのかわりにロシア連邦天然資源省とロシア連邦国家環境保護委員会が設立されたが、その後プーチン時代になり、廃止された[19]。

この組織改編は、ロシアのエコロジストらに少なからぬ動揺を与え、ダニロフ－ダニリャンは、これを環境行政における二度目の大きな退歩とみなしている[20]。

彼らがこのような認識にいたるのは、ペレストロイカから移行期にかけて、環境行政機関の再編が頻繁に行なわれ、そこに環境行政のプライオリティー（の上昇と下降）を見ていたからである。ペレストロイカ期には、従来、漁業・林業・地質・水利などの個々の省庁の下にあった自然保護機関を統合し、一九八八年にソ連邦で初の環境行政の独立機関としてソ連邦国家環境保護委員会が創設された（二代目の議長ヴォロンツォフは初の非党員閣僚としても注目を集めた）。これは、環境問題が行政内で高いプライオリティーを得たことを意味した[21]。

前述したように、ソ連邦国家環境保護委員会は後に省組織となり、ソ連邦崩壊を経て、ソ連邦およびロシア共和国の自然保護省とソ連邦地質省その他一一の資源関係機関を統合してロシア連邦環境保護天然資源省となった[22]。ダニロフ－ダニリャンはガイダールに近い経済学者であり、一九九一年、ソ連邦環境保護天然資源省次官を経て、一一月にロシア共和国環境保護天然資源相に任命され、環境法の草案作成・制定を行ない、環境行政に経済的手法を導入して、独自の財政基盤を確保するためにエコロジーフォンド（エコロジー改善に使うための独自の資金に違反罰金を組み入れるシステム）を創設する等、移行期ロシアの環境行政を担ってきた人物である。

ダニロフ－ダニリャンが、環境行政における最初の退歩とみなすものは、一九九二年から一九九三年にかけて起こった省内の資源委員会ブロックの崩壊である。[23] 彼がロシア連邦環境相に就任した後には、以前は分立していた各資源管理担当機関が、抵抗はしたが、環境省の拡大改編によって省内に入ったことで省の権限が増したと考えられ、当時の環境保健問題大統領顧問ヤブロコフを含めたエコロジー関係者からは、環境相を第一副首相に据えることによる省のさらなる影響力の増大が期待されてさえいた。[24] ところが一九九二年からは、経済危機の深化とともに環境省のポジション低下が始まり、省内の資源委員会ブロックも崩壊していった。

一九九二年の連邦政府の環境政策の揺れおよびその経緯（移行期における中央・地方関係、民営化企業と地方政治等のファクターの変化）については、さらに詳細な資料検討が必要であろうが、ここでは地方における民営化と密接に絡んだ事例として、バイカル湖の環境問題を紹介するにとどめよう。

バイカル湖畔のセルロース工場による汚染は、ソ連邦時代に繰り返し問題化したが、ペレストロイカ期の世論の高まりもあり、一九八七年四月にセルロース生産の中止と業種転換が決定され、ソ連邦が崩壊する一九九一年一二月までは連邦政府は一貫してこの姿勢をとっていた。ところが、一九九二年になるとガイダール（当時、首相代行）は一九八七年の業種転換決議は無効であると宣言。しかし、一九九二年一二月になると再び連邦政府はセルロース生産の中止と業種転換を指示。業種転換プログラムの作成が始まるが、セルロース生産中止期限が延ばされたり、その基調が環境対策から投資対策へと移行したものとなったため、バイカルに関する政府委員会から承認を拒否される、といった事態を経て、現在、業種転換問題は工場側に有利に傾いてきているという。[25]

環境省のポジション低下を顕著に示すのは、省の財政面である。ソ連邦時代の環境への支出は、国民総生産の一・三三％、全資本投下の一・二八％で、一九八一年には全資本投下の一・四二％だったが[26]、ロシア連邦で環境保護関連に充てられる予算額は、国民総生産の〇・一％未満である[27]。経済危機であるとはいえ、国家予算に占める環境関連支出額は一％未満といわれ[28]、一九九四年時点で、ダニロフ‐ダニリャンは、われわれができることは、今まで達成したものを維持する努力だけであると述べている。そして、さらに、一九九九年予算における自然保護への支出は一九九八年の三〇％の水準となった[29]。また、一九九六年時点では、環境省の職員の給与水準は、外務省・非常事態省・財務省・経済省・燃料エネルギー省職員の二分の一に満たない[30]。

環境関連の行政機関の組織はその後も再編が続いており、一九九八年には環境状態のモニタリングを担ってきた機関（ロスギドロメト）等に改編が加えられるなど、流動的である[31]。

前述のマルフェーニンは、一九九八年の八月危機は環境対策予算・人員削減にさらなる口実を与える結果となったとし、ロシア領域内の環境保護組織の職員が、一九九〇年から一九九七年にかけて一万六一七六人から一万四三六七人に減少し、また、一九九九年一月一三日付のロシア連邦政府令により、五四〇〇人（すなわち、およそ三分の一）に削減されたとしている[32]。

いかに資金源を確保するかは環境省の設立当初からの問題ではあったが、国家財政が破綻した一九九八年八月危機を経て、さらに状況は厳しくなった。

汚染に対する監督は三三四の都市（人口一〇万人以上と巨大工業企業のある都市のほとんど全部）で実施

されていたにもかかわらず、環境基準超過企業が放置され[33]、エコロジーフォンドへの罰金の徴収率は悪く、資金は不足している。

環境行政に対するプライオリティー低下の傾向は、大統領個人においても見られる。エリツィン政権登場とともに設けられた環境・保健問題の大統領顧問ポストにいたヤブロコフは、経済危機の深化に従って、大統領に以前ほど環境への留意が見られなくなり助言が受け入れられなくなったとして、一九九三年に顧問職を辞しており[34]、彼の助手（大統領府顧問付き）であったロシア最大の環境NGO議長ザベリンも、一九九三年春頃から活動が反響を呼ばなくなったと指摘している[35]。

ロシアのエコロジー派内部の意見対立（特に、環境省とヤブロコフ）も、この頃から顕著になった。経済的手法導入の成果が期待に応えられない水準であること、環境省が原子力エネルギー問題（原発建設再開）においてエネルギー省に譲歩したこと、また、助手ザベリンの解任問題にも関わったことなどから、ヤブロコフは環境省組織解体を含む案について一九九三年時点で口にしていた[36]。

移行期の環境行政の特徴として、「エコロジー的安全保障」および「安定的発展（ustoichivoe razvitie）[37]」という用語が登場し、従来の「環境保護と資源合理利用」という用語に代わって環境行政の文脈で多用されるようになったことである。

エコロジーが安全保障の枠内とみなされ、環境問題は国民生活（水準の低下）と密接に結びついた安全保障問題としての位置づけを与えられた[38]。しかし、安全保障ブロック内での他機関との力関係において、環境関連機関が優位に立つことがないのは明らかである[39]。九五年九月施行の「国外原発の使用済み核燃料処理受け入れ」決定も、NGOの強い反発を受けたが[40]、原子力エネルギーは経済性に優れ、危険のほとんどない「エコロジー的（にきれいな）」エネルギーであるとされている。

エコロジー的安全保障の確保のために、新たな動きも生まれている。

環境法規の整備にも問題はあるが、執行にさらに問題があるというソ連邦時代からの傾向に対する対策として、規制的手法を強化し（罰金徴収でエコロジーフォンドも潤う）地域のイニシアチヴをもとに（すでにモスクワなど導入地域あり）、連邦規模のエコロジー警察創設に向けての討議が進められている。

エコロジー警察創設は、ロシアでのエコロジー犯罪の発覚率の低さ（一～五％）と起訴率の低さ（毎年の立ち入り調査で一万五〇〇〇件以上の環境保護法違反が見つけられるが、起訴されるのは年間に全部で五〇〇〇人――違反者の〇・二％――）への対策であり、政府、安全保障会議、環境省、総検察局、内務省、最高・高等調停裁判所、連邦安全保障局などが討議に参加している[41]。

代表的汚染産業である、冶金、エネルギー、石油化学の企業（ここでは、燃料を燃やしている）は固定汚染源からの大気汚染の三分の二を排出しており[42]、ブラックリストにも二万四〇〇〇企業の名が挙げられているが、環境法違反の種類の最多は、密猟（特に魚――約一五万件）と森林伐採である（ヴォルガ下流、カムチャトカ、極東では組織的に行なわれている[43]）。

ロシア環境省が大統領に提案した、この連邦エコロジー警察創設だが、犯罪が多発している現在は、警察や行政は、巨大なエコロジー事故、環境の損害が数十億ルーブル単位のときにしか動かず、小さな違反の通報などは相手にされない現状打破のためであるという[44]。

しかしながら、小規模の違反摘発を目的とするものであるならば、最も巨大な潜在的エコロジー安全保障の脅威である軍関連・エネルギー・資源・化学産業などの違反取り締まりは、現状のままに放置されることになる。

また、一九九六年の創設以来すでに二年間の活動の実績を持つモスクワ市エコロジー警察の活動報告によると、一九九八年までの二年間で、環境犯罪の種類として最多であったのは不法伐採であり、大気・水・土壌汚染の起訴に関しては、多くの場合、損害額の算定方法論の欠如が障害になったという(45)。一九九五年のロシアにおける環境犯罪の起訴件数が、大気・水汚染に対しては非常に少ないことも加味すると、連邦レベルでのエコロジー警察の創設だけでは、大気・水汚染違反者の規制が強化されない可能性が考えられる(46)。

また、安全保障ブロック内の安全管理の問題も深刻である。チェリャビンスク七〇の核研究所所長の自殺でも浮き彫りになった核兵器開発・軍関連の財政逼迫問題は、安全保障面での不安を増加させている(47)。また、プリモーリエ地方から全国に広がったストライキのなかで、原発職員のストは安全性への懸念を与える。

議会内の環境関連機関としては、二院制になる以前のロシア連邦最高会議内にエコロジー資源合理利用委員会があり、環境法の準備に携わった(48)。

一九九三年議会選挙後の下院にできたエコロジー委員会もあり、サンクト・ペテルブルグ―モスクワ高速鉄道建設に対して活発に反対意見を表明していた(49)。

党・ブロックに関していえば、環境保護に熱心な政治家は各派に見られる。ペレストロイカ期からヤブロコフと並んで環境保護を訴えたレメシエフは、九三年一二月選挙では自民党から出馬し下院内エコロジー委員会の議長であった。九五年一二月選挙では、八〇年代半ばに作家同盟でエコロジー問題を訴えた作家のザルイギンが「建設的エコロジー運動ケードル」から出馬している。しかし、多くの立候補者が環境保護的スローガンや公約を掲げて当選した一九八九年の人民代議員選挙の際とは異なり、近年の選挙では環境を標榜する政党は比例区のバリアを超えられなかった。一九九三年一二月選挙の結果、「ケードル」は、比例代表区で〇・七六％の得票で。[50]一九九五年一二月選挙前には、七〜一〇％の票を集めることを予定していたが、[51]一・三九％の得票率（約九六万票）で議席獲得はならなかった。なお、一九九九年一二月下院選挙において「ケードル」は選挙団体登録を抹消されている。

環境NGOの数は、エコロジー思想研究者ガルキンの試算（国家委員会の公式データによる）では、一九八九年のNGO数は二五五、一九九〇年には三二三、NGO加入者数はそれぞれ一万一四四六人、一万六一八七人である。[52]一九九六年については、「現在、約七〇〇の「緑の」社会的同盟がこの領域で活動している。七〇年の間に初めて、一九九五年六月に開催された全ロシア環境大会（全ロシアから一〇〇〇人以上）の代表を集めた」とヤブロコフは述べている。[53]

地域での草の根的な運動は存在しているが、九〇年頃と比較して影響力が微小になった。しかし、国際的な広がりをもつ環境NGO（グリーンピースのロシア支部、ロシア最大の環境NGO「社会エコロジー同盟」など）の示威行動は今も活発で、地域NGOが国際NGOの協力をうける場合も多い。ヴォルガ流域、アラル海、カスピ海、バイカル湖等の保護運動や、核・放射性物質持ち込み反対、原発建設反対、モスクワ―サンクト・ペテルブルグ高速鉄道建設反対、毛皮反対などは注目され、多くのメディアがとりあげている。

インターネットの拡大により、ホームページを通じて地方の環境NGOが発信する情報は飛躍的に増加している。

新聞等のメディアによるエコロジー問題関係記事掲載は、森林破壊、水・大気・土壌汚染、動・植物への影響から建築物保存、動物愛護にいたるまで広範囲にわたって日常化し、八〇年代のように記事掲載やデータ公表自体がセンセーショナルな事件とみなされることは少なくなった。しかし、そのような中での比較的新しい傾向は、核・原子力関係（過去に未公表だった核関係施設での実験・事故、現在の軍関係施設管理・原潜処理状況）、気候変動問題やダイオキシン、ゴミ問題、食品・飲料・建材中の有害物質等に関する記事が増加していることである。

ペレストロイカ期ほどのエコロジーへの世論の関心の高さは、近年では見られない。一九八九年にはこれが国民の問題意識の二位を占めたが、一九九二年以降、世論調査における環境問題への関心は二位から一〇位以下に転落した。[54] これには経済危機による国民生活水準低下の影響がまず挙げられる。もう一つは、大気汚染を中心とする状況の一部改善に関係すると思われる。八八年末の世論調査が示すところでは「エコロジー問題の中で主たるものは何ですか」の回答の第一位は大気汚染であった（大気汚染六九%、水汚染五四%、放射能の危険性四二%）。[55] つまり、近年の生産低下による大気汚染状況改善により、問題意識が後退した部分もあるだろう。

しかしながら、国民の健康に関する調査の「健康悪化の原因」に「居住地域の悪環境（大気汚染、水質悪化等）」を挙げた回答者は一九九七年八月、一九九八年六月共に「通院・薬剤購入費の不足」の次に多く、また「最近、自分や近親者に不安や不満を与えている問題」や「ロシア国民を悩ませる問題」の回答として九八年六月調査から「不良なエコロジー状況」が現われてきた（九位）[56]。

約二〇〇〇万人のロシア国民が「エコロジー的貧困」地域に居住し、国民の二〇％が「不良なエコロジー的条件下」に生活しているという数値もある[57]。また、モスクワの「エコロジー環境（の悪化）」は、モスクワ市民を対象とした世論調査によると、市民の感じている「脅威」として犯罪増加の次に挙げられている[58]。

これらは、前述した汚染の局地化にも原因があろうが、保健状態に対する国民関心の高まりに負うところが大きいだろう。

近年の平均余命指標をはじめとする人口動態統計数値の悪化（九三年には男性の平均余命が六〇歳を割って国民にショックを与えたが[59]）によって国民の保健状況に対する真剣な認識が生まれている。環境の悪化と国民保健の連関という視点にたって、一九九五年に「環境・保健アトラス」[60]（米ロのエコロジー研究者らの共同執筆）がモスクワで出版されている。市場化以降、国外から大量に流入してくる外国製品の品質に対する不安と懐疑は、国民に消費者としての品質への関心を生んだ。環境と保健を結びつける傾向は消費者意識と結びついて、商品のエコロジー的安全保障も含む消費者の権利保護運動は活発な社会的勢力となって国民に根づいた。[61] しかし、一九八九年から九〇年頃の、一般住民参加による環境への有害施設閉鎖運動のような広がりはみられず、以前住民の要求で閉鎖された施設の再開もおこった。

西側で高まる核・放射性物質の取り扱いに対する憂慮も、ロシア国民に認識されていないわけではない。ドイツへの放射性物質の持ち出しは、独露関係に最も否定的な影響を与えている問題として、二・九%が挙げている。[62] 一九八九年に初めて環境に関する統計データが公表されて[63]以降、年次統計報告は毎年刊行され、エコロジー地図や環境問題関連の内外の書籍も刊行され、新聞でも環境問題や人体への影響を扱った記事が多く見られるなど、ロシアの環境状況についての認識は比較的穏やかだが定着してきているといえよう。

結びにかえて

ソ連邦・ロシアの環境問題はペレストロイカ期にその深刻さが次々と公にされたことで、問題解決の可能性が模索され始めたが、過去の負の遺産を精算すべく抜本的な対策をとる前に、続くソ連邦崩壊と市場移行による経済危機の深化・財政破綻の過程の中で、さらに新たな問題(国民の保健指標の悪化)を抱え込んでしまった。

市場移行の過程での生産低下を起因として汚染指標の若干の改善があったにしても、経済危機を理由に環境対策への各種資源配分を年々削減する方向にあったのでは、経済が上向いたときの環境悪化は必至である、との指摘は繰り返しなされてきた。しかし、一九九八年の八月危機は、さらに資源配分の削減を助長する方向に働き、一九九九年においても、国民の生活水準の低下及び保健状況の悪化は変わらず指摘され続けている。

本稿では、ロシア連邦の環境を対象に移行期の状況を概観してきたが、同じくソ連邦の環境問題を負の遺産として引き継いで独立した他の旧ソ連邦諸国も、また、それぞれに問題を抱えている（中央アジアに位置するアラル海の縮小問題はその端的な例である）。

独立後の諸国においてもロシアと同様、地域の「安定的発展」のための「先進国」による安全管理や環境への配慮の行き届いた産業活動・開発への協力・参加はおおむね歓迎される傾向にある。そこには、自国のみによる安全管理や環境保護の技術・執行レベルへの失望と、それら分野における先進国の技術・経験導入への期待がある。しかし、このことが、国際的な文脈のなかで発生する地域的な環境問題（現象自体が地球規模で起こる地球環境問題とは区別して、ここでは国際環境問題としておく）を旧ソ連邦諸国で発生させる結果を招く可能性がないとはいえない。ロシア・旧ソ連邦諸国は特有な地理的条件とデリケートな生態系を有する地域であるゆえに、開発による環境破壊という国際環境問題が生まれる危惧は少なからず存在する。

日本が隣国ロシアおよび旧ソ連邦諸国との間において、地球環境問題とともに国際環境問題でも密接な関係を持ちうる以上、当該地域を対象とする詳細な調査研究は不可欠であり、自然科学のみならず社会科学を含むより広い領域にわたる学際的な研究が危急に望まれよう。

注

（1） Danilov-Danil'ian, V. I., V. G. Gorshkov, Iu. M. Arskii, *et al.* (ed.), *Okruzhaiushchaia sreda mezhdu proshlym i budushchim : mir i Rossiia*, Moskva, 1994, p. 45.

（2） Ibid., p. 50.

（3） Ibid., pp. 54-55.

（4） Ibid., pp. 55-63.

（5） Ibid., pp. 66-68.

（6） Ibid., pp. 107-127.

（7） Goskomstat, *Okhrana okruzhaiushchei sredy v Rossiiskoi Federatsii v 1994 godu*, Moskva, 1995, p. 3.

（8） Danilov-Danil'ian, V. I., *et al.* (ed.), op. cit., p. 65.

（9） Goskomstat, op. cit., p. 3.

（10） *Argumenty i fakty*, No. 26 (923), iiun' 1998, p. 7.

（11） Marfenin, N. N., Ekologiia, ekonomika I politika v Rossii, *Rossiia v okruzhaiushchemu mire* : 1999, p. 165.

（12） Danilov-Danil'ian, V. I., *et al.* (ed.), op. cit., pp. 65-67, ; Goskomstat, op. cit., p. 3.

（13） 一九九五年の環境統計によれば、「工業および農業生産の落ち込みが続いているにもかかわらず一九九五年は国内で環境状況の質的改善は生じなかった」『(スラブ研究センター研究報告シリーズNo. 62) サハリン北東部大陸棚の石油・ガス開発と環境』、北海道大学スラブ研究センター、1998, p. 45.

（14） Danilov-Danil'ian, V. I., *et al.* (ed.), op. cit., pp. 107-127.

（15） Danilov-Danil'ian, V. I., *et al.* (ed.), op. cit., p. 67.

（16） Feshbach, M. and Friendly A., *Ecocide in the USSR : Health and Nature under Siege*, Basic Books, 1992, p. 1.

（17） 一九六〇年代、資本主義諸国に環境問題が現われたとき、私的所有こそ環境問題の元凶であり、私的所有権に規制を加えることが環境問題を解決するという主張が多くの支持を集めたが、それとは逆に、ペレストロイカ期のロシアのエコロジー派の中には、環境破壊を集権的指令体制と結びつけ、市場への移行による私的所有化によって環境問題が解決されることを期待する議論が存在した。すなわち、「コモンズの悲劇論」(環境資源は私的所有物ではなく共有資源として扱われているために、その維持管理や再生保全の責任の所在が曖昧になり、利用者個々人の利益を合理的に最大化することが無制限に許されてしまうため環境が破壊・汚染されてしまう)の集権的指令体制版の言説が展開され、私的所有による環境問題の解決が期待された。

(18) 「西欧は二〇年間にエコロジー面でより「汚くない」経済を発展させたが、世界的な環境破壊傾向に対する先進国の悪影響を変えることはなかった。地球規模の汚染に対して、西側諸国と、かつての指令型体制諸国と発展途上国とでは、どちらが多くの責任を負うかは明らかである。多くの先進諸国には、経済活動による長期的な自然の搾取のために、侵されていない地域はほとんどないが、ソ連邦には三九%、現ロシアでは約五〇%が残されている。そして今、先進国は自国の破壊された土地を再生しつつ、まだ残っている他国の更地を要求する」(Danilov-Danil'ian, V. I., *et al.* (ed.), op. cit., p. 127.)、「ノルウェー、フィンランド、スウェーデンとロシア以外には、ヨーロッパには手つかずの自然は残っていない。そこで、ヨーロッパは、アメリカ、日本などと同様に、他国のエコロジー資源を「消費」している。たとえば、アメリカは、世界経済が生産する炭酸ガス総量の三分の一を排出して、ブラジルやカナダやロシアの森林を「消費」しており、ヨーロッパも、風によって、運び去る量よりもずっと多くの汚染をロシアに運びこんでいる。ロシアにとっても全人類にとっても至上の価値を持つ、ロシアの手つかずの生態系は、ロシア国土一七〇〇万平方キロメートルの内、約九〇〇万平方キロメートルある。この領域の内のタイガ、森林性ツンドラなどは、地球の生物圏に不可欠の生態系である」「もし、あの時期にロシアに市場があれば、手つかずで残っている生態系は、おそらく、もっとわずかしか残らず、市場の下でより広範により多く食い尽くされた可能性がある」(*Argumenty i fakty*, No. 39 (832), sentiabr' 1996, p. 3)。

(19) *Rossiiskie vesti*, 16 avgusta 1996, p. 2, St. Petersburg Times, 23 May, 2000.
なお、この時点までの行政組織改編と権限配分、一九九六年の環境法の補足については片山博文「ロシアの環境行政について」（『（スラブ研究センター研究報告シリーズ No. 62）サハリン北東部大陸棚の石油・ガス開発と環境』、北海道大学スラブ研究センター、1998, pp. 21-28）を参照。

（20） *Segodnia*, 5 sentiabria 1996, p. 9.

（21） Danilov-Danil'ian, V. I., *et al.* (ed.). op. cit., p. 102.

（22） Danilov-Danil'ian, V. I., Tochki nad "I", *Zelenyi mir*, No. 14 1993, pp. 5-7, 10.

（23） *Segodnia*, 5 sentiabria 1996, p. 9.

（24） Danilov-Danil'ian, V. I., Tretii ministr, *Spasenie*, No. 1 (17), ianvar' 1992, p. 2. ; Iablokov, A., Minprirody Rosii : opasnye tendentsii, *Zelenyi mir*, No. 14 1993, p. 4.

（25） 徳永昌弘「シベリア・極東地域の "regionalization" と公害・環境問題」、ロシア・東欧学会第二八回大会（一九九九年九月二六日、鈴鹿国際大学）報告。

（26） Iablokov, A., Ekologicheskaia situatsiia v SSSR : fakty, analiz, prognoz, in (ed.), *Cherez ternii,* Moskva, 1990, pp. 610, 633.

（27） *Nezavisimaia gazeta*, 29 oktiabria 1996, p. 2.

（28） Danilov-Danil'ian, V. I., *et al.* (ed.), op. cit., p. 105.

（29） Marfenin, N. N., op. cit., p. 165.

（30） *Argumenty i fakty*, No. 48 (841), noiabr' 1996, p. 6. 平均給与水準が高いのは、外務省（平均月額一五三万ルーブル）、非常事態省（一五一万ルーブル）、財務省（一三〇万ルーブル）、経済省（一二〇万ルーブル）、燃料エネルギー省（一一五万ルーブル）。低いのは、環境省（五七万ルーブル）、教育省（六二万ルーブル）、社会保障省（七一万五〇〇〇ルーブル）。

（31） *Rossiiskaia gazeta*, 23 sentiabria 1998, pp. 1, 4.

（32） Marfenin, N. N., op. cit., p. 165.

（33） Danilov-Danil'ian, V. I., *et al.* (ed.), op. cit., p. 66.

(34) 『朝日新聞』、九六年五月一三日夕刊、p. 7.(ただし、六〜七月の大統領選挙ではエリツィン支持。Iablokov, A., Priroda bol'she ne mozhet zhdat' ot nas milosti, *Rossiiskaia gazeta-Dom i otechestvo*, No. 11 (25-31 maia) 1996, p. 2.)

(35) Zabelin, S., Ne krichi, stoia nad propast'iu, *Rossiiskaia Federatsiia*, 1994 (No. 4), pp. 36-38.

(36) Iablokov, A., Minprirody Rosii : opasnye tendentsii, *Zelenyi mir*, No. 14 1993, p. 4.

(37) この用語を「持続可能な開発(あるいは、持続的発展、維持可能な発展)」と日本語訳される sustainable development のロシア語定訳とするかについては、若干の議論の余地がある。九二年のリオ会議で一般的に承認されるようになったこの用語は、より原意に近い訳語 podderzhivaemoe razvitie としての使用例がある (Danilov-Danil'ian, V. I., *et al*. (ed.), op. cit., p. 112.

(38) 前安全保障会議議長レベジの基本方針演説において、エコロジー問題への言及は冒頭に置かれた(Lebed', A., Do chego my doveli Rossii, *Rossiiskaia gazeta*, 5 iiulia 1996, pp. 7-8, 25.)。

(39) ロシア安全保障会議に九五年から原子力エネルギー相がメンバーとして入ったが、安全保障会議の下部組織である環境委員会の委員長は旧ソ連型原発の危険性を指摘し一九九二年末の原発建設再開にも反対していたヤブロコフが務めていた(ただし、彼は、受容できるレベルの安全が保障された原子力エネルギーには反対ではない。*Segodnia*, 28 dekabria 1995, p. 9.)。

(40) *Segodnia*, 21 centiabria 1995, p. 9.

(41) *Izvestiia*, 25 maia 1996, p. 2.

(42) Danilov-Danil'ian, V. I., *et al*. (ed.), op. cit., pp. 66-67.

(43) *Izvestiia*, 25 maia 1996, p. 2.

(44) *Rossiiskaia gazeta*, 13 maia 1996, p. 2.

(45) *Segodnia*, 22 oktiabria 1998, p. 6. 環境犯罪の起訴総数は四八〇件。これによる総損害額はデノミ後価格で四五四万ルーブル。

(46)『(スラブ研究センター研究報告シリーズ No. 62) サハリン北東部大陸棚の石油・ガス開発と環境』, 北海道大学スラブ研究センター, 1998, pp. 47-48, 60.
(47) Izvestiia, 1 noiabria 1996, p. 1.
(48) Danilov-Danil'ian, V. I., et al. (ed.), op. cit., p. 102.
(49) *Segodnia*, 12 centiabria 1996, p. 4.
(50) Sakwa, Richard, "The Russian Elections of December 1993," *Europe-Asia Studies*, Vol. 47, No. 2 (March) 1995, pp. 195-227.
(51) *Segodnia*, 21 centiabria 1996, p. 2.
(52) Goskompriroda (RSFSR) and Goskomepinadzor (RSFSR), *Ekologicheskii vestnik Rossii*, 1991 (No. 4), p. 38.
(53) Iablokov, A., Priroda bol'she ne mozhet zhdat' ot nas milosti, *Rossiiskaia gazeta-Dom i otechestvo*, No. 11 (25-31 maia) 1996, p. 2.
(54) Danilov-Danil'ian, V. I., *et al.* (ed.), op. cit., p. 103.
(55) Iablokov, A., Ekologicheskaia situatsiia v SSSR : fakty, analiz, prognoz, in (ed.), *Cherez ternii*, Moskva, 1990, p. 631,
(56) インターネット資料。Fond "Obshchestvennoe mnenie", *FOM No. 374 Tematicheskie voprosy*, 1998, p. 2. ; Fond "Obshchestvennoe mnenie", *FOM No. 368 Tematicheskie voprosy*, 1998, p. 3.
(57) Lebed', A., op. cit., p. 7.
(58) *Rossiiskaia gazeta*, 15 ianvaria 1998, p. 8.
(59) *Argumenty i fakty*, No. 30, iiul' 1995, p. 13. 一九九四年の平均余命は、六四・二歳。男性、五三・七歳。女性、七一・一歳。; Goskomstat, *Demograficheskii ezhegodnik Rossiiskoi Federatsii 1993*, Moskva, 1994, p. 83.
(60) Feshbach, M. (ed.), *Environmental and Health Atlas of Russia*, Moscow, 1995.

(61) Iablokov, A., Priroda bol'she ne mozhet zhdat' ot nas milosti, *Rossiiskaia gazeta–Dom i otechestvo*, No. 11 (25-31 maia) 1996, p. 2.

(62) *Nezavisimaia gazeta*, 20 noiabria 1996, pp. 1, 5. 一位と二位は、カリーニングラード州帰属問題（一五・三%）、ロシアのドイツ人問題（一五・二%）。

(63) Danilov-Danil'ian, V. I., *et al.* (ed.), op. cit., p. 102.

第6章　中央アジア――地理と歴史の視角から見たポスト・ソ連の政治発展

カザフスタン、ウズベキスタン、トルクメニスタン、タジキスタン、そしてキルギスは、ともに政治的な意味で中央アジア地域とでも定義できる地を構成している。ロシアを除けば、これはポスト・ソビエト政治空間の最大の構成要素である。この地域は、ユーラシアの東西、そして南北をつないでいるという、地政学上ユニークな位置を占めている。なおかつ中央アジアは、天然資源にかんして、とくに石油と天然ガスの資源（reserve）という観点から、世界で最も豊かな地域のひとつである。

その位置と資源の重要性ゆえに、中央アジアは世界的な政治ゲームのひとつの舞台となっており、おそらくここでは地域国家自身が多分に重要な役割を演じるであろう。政治の動向が発展した北へと向かうのか、それとも発展しつつある南へ向かうことを選ぶのか。中央アジア諸国家が決定することによっては、世界における現存の力の均衡を本当に変えるかもしれない。同じように、民主主義か、それとも権威主義かといった選択は、これらの国がどちらの国内的な政治発展の途を進むとしても、他の国々にとってもけっして無関係ではない。

中央アジア研究が急速に広がったのは驚くべきことではない。これらの研究の大半は、現実の問題としても、あるいは可能性の問題としても、地域的諸国家の政治的発展と外交政策上の選択をあつかっている。たいていの場合、これらの業績の著者はつぎの二つの大きなグループのどちらかに属している。

ロシアやＣＩＳ諸国では、「科学的共産主義」や第三世界研究の分野でのかつてのソビエトの専門家たちである。他方、西側の著者たちは主としてかつてのソビエト学者である。それぞれの経歴からみて、中央アジア研究が成功だけではなく、うまく行かなかったこととの理由もわかろうというものだ。

前者については、中央アジアの政治発展をより広い地政学的、そしてイデオロギー的な文脈に位置づけることが、そして政治的な実効性と人物の詳細な分析、地域における政治的な変化とその予測を体系的に観察することは歓迎できる。しかし短所として、まず地域的な空間と歴史についての視野がかなり狭いことがある。同時に、地理、歴史そして中央アジアの文化に精通した研究者の大多数は、政治学的研究には通じてはいない。結果的に、中央アジアで固有に形成された問題についての文献は、旧ソビエトでの学問のドグマか、あるいは新しい民族的（nationalistic）な神話によって包まれている。それらは、たいてい与党的にすぎるか、あるいは、扱う事実とその判定において慎重すぎて、部外者には近づきにくいものである。

一方では、中央アジアは、いまや政治学研究の課題の頂点である。他方で、中央アジア研究は、その慢性的な怠慢、すなわち近視眼的な、ある専門分野に焦点をしぼった調査から、相当な損失を強いられている。

三つの専門分野、つまり地理学、歴史学、そして政治学へのアプローチを統合することが緊急に必要である。

地理学的なアプローチの助けによって、われわれはグローバルなレベル、すなわちその地域が世界のなかでどのように位置するのかを知ることができる。また地域的なレベルで、個々の国家の位置は中央アジアにおいていかなるものであるか、またそれらの領域の典型的な特徴は何であるか、がわかる。そして単一の国というレベルで、国ごとの内的な空間的な環境とはなにか、物理的な空間の広大な単位として、中央アジアの政治的に意味ゆたかな特徴を調査することができる。またこのアプローチは、経済成長を可能にする資源の正確な算定においても考慮に入れる。

歴史的なアプローチによって、別の成果が約束されている。それによって現在の政治的な発展を過去のなかへさかのぼって考えることができるのだ。このように時間の尺度をより大きくすることによって得られる大きな収穫とは、政治的決定にたいする、もっとも手強い社会的障害をよりよく理解するということである。価値、制度、行動パターン、地方政治文化の伝統、等々。遠い昔にせよ最近のそれにせよ、過去において形づくられたそれらのものは、たいていの場合は隠れた形態で、現在の政治的決定、また同じようにエリート、ならびにさまざまな民衆の層の選択と選好とに、重大な影響を及ぼす。

残るものは、政治学そのものの分野と結びつけられたアプローチである。まちがいなく、それは独自の優越性をもっている。最初にそれは、地理学や歴史学にむけられるべき重要な疑問を提起することを促し、その結果として、このように認識された連関の考察のあとで、地域内の政治発展の支配的なモデルを確認することができる。次のステップは、個々の国々の具体的な政治状態の分析と、地域全体の政治的な展望の調査とであろう。

比喩的に述べると、最初のアプローチは、政治的な行為の舞台を鮮明にさらし、二番目のアプローチは舞台の裏にある固有の行為者たちのベールを剝ぎ、そして三番目のアプローチは、演技を吟味するために必要不可欠な評価基準というものを提起する。鍵となる地位を占めるのは歴史的なアプローチである。事実それは、中央アジア諸社会の空間的環境への適応という、時の試練を経た形態に焦点をあてた研究が可能となる。そして、数十年、何世紀も、さらに千年にわたるこれらの形態のリハーサルをとおして地域的な社会組織と政治的伝統に押された刻印への理解を提供するだろう。

一

中央アジアは大陸性の厳しい気候をもつ広い乾燥した地域である。主要な大洋交通へと接続することのできる自然水路は存在しない。この地域は、地政学的な空間の主要なブロックのほとんどから空間的に分かたれている。国家的な安全保障の観点からすると、ロシア、中国、イランとアフガニスタンとだけが、中央アジアにおきる変化により、肯定的なものであれ否定的なものであれ直接的な影響をうける。そしてロシア、中国、イランそしてアフガニスタンにおける変化だけが、同じように、中央アジア諸国の安全に直接影響しうるであろう。

このことは、中央アジアが他のグローバルな、あるいは地域的な力の中心にとって重要でない、あるいはそれらの政策がこの地域の発展に影響しない、ということを意味するものではない。しかしながら、中央アジアの政治的な重要性は、その位置が大陸の深奥に存在するということによって減じられている。したがって、中央アジアは、世界政治の重要な予備ではあるものの、その最前線ではない。他のもっと好都合に位置した世界空間の部分の政治的、経済的な資源の流通の可能性が消えてはじめて、中央アジアの真の重要性は、世界の他地域のひとつと同等になるだろう。

中央アジアの光景は、北と北西には開かれている一方で、南と南東とには閉ざされている。この地域の最も重要な陸上交通は、ロシアへと向かっている。中央アジアの隣人との関係で、ロシアは、この地域と他のすべての世界とを結びつける経済的および政治的な空間的実体として、ならびに、お互いが経済的協力のために関係づけられているような比較的経済的に高く発展した諸地域の集合体として、存在している。このことから、ロシアから中央アジアへと導くこの現存の幹線道路の大半が、その全長にわたって両地域の相互利益のために利用することができる。中央アジアに境界づける他の三つの国々は、同様の利点に欠けている。それらの国々とこの地域との通信のためのネットワークが未発達なだけでなく、これらの諸国から中央アジアへの現在の路線や、あるいは予定される交通路が位置する空間の実質的な部分は、いまあまり利用されていない領域や地帯である。あるいはその開発のレベルが低いために、これらの国々は中央アジアの経済成長のための最先端となることは困難である。(1)

中央アジア諸国自身の空間的な構造は、だいたいにおいて「ルーズ」であり、そして、安定的な空間的な統合の達成はこれらすべてにとってきわめて困難である。ウズベキスタン、タジキスタン、そしてキルギスの国境線の奇抜な地形は、世界でも他には類をみない。このような国境を効果的に防衛するには、多大の費用がかかる。さらに、しばしば、おなじ国の二つの違った地区の間の接続は、他の国の領土を経由してのみ可能であるようなかたちで、交通手段が存在している。これらの特徴のため、この三つの国家の相互依存、それらの間の良き隣人関係がますます重要であるということになる。

カザフスタンとトルクメニスタンとの領域は、もっとコンパクトで、まったく分割されていない。しかしながら、問題はそれらが空間的な中心軸をもっていないことである。[2] カザフスタンの中央部も、トルクメニスタンの国内空間もともに、ほとんど人が住んでいない地域であり、生活するのが困難である。人口の大部分、都市や企業、そしてほとんどすべての農耕地は、これらの国々の周辺に集中している。これらの地域は、国境の向こうにその源があるような経済的、エスニック的、そして文化的な引力によってばらばらに引き裂かれそうにみえる。キルギスとタジキスタンにおける空間的な中軸の存在も疑問である。これらは、山岳国のすべての特性をもっている。すなわち、国家の領土が互いに孤立した谷々によって分割されており、すべての地区で人間が地域的な条件に高度に適応している。また地区の間での顕著な文化的不同性という関連現象、そして国民的な空間への社会的政治的な統合のレベルにおける重大な違いがある。

中央アジア諸国の相互、また外の世界との関係は、空間的な形状と規模と地理的な位置の鋭い差異とによって、特別な性格をもっている。この地域は二つの極によって支配されている。つまり北のカザフスタンと南東のウズベキスタン、である。小さな国々は、これらの二つの勢力から発する影響の間で厳しい選択を迫られている。キルギスは、競合する両者の保護下にあるのにたいし、タジキスタンは、地域的なレベルでは、ほとんどウズベキスタンの影響の下にある。トルクメニスタンは、より広い孤立戦略の一環として、双方の外からの圧力をかわそうとしている。

中央アジアのまさしく端に位置する地域的な大国カザフスタンにしても、ロシアと長い国境をわかち、そして、モスクワの政治的な要求と選択とを簡単には無視できない。対照的に、地域の中央に位置しているウズベキスタンは、相対的に、域外勢力からの自律性を維持している。

したがって、地域としての中央アジアは疑いなく一体であっても、その内的な空間は、三つのゾーンに分けられる、つまり二つの対照的なもの、そして一つの中間的なものである。はじめのゾーンは、カザフスタンとキルギスを含み、二つめは、タジキスタン、そして三番めが、トルクメニスタン、ということになる。

上述の区分は、ある程度は物理的かつ地理的な違いにのみ基づいている。それよりもずっと、経済的かつ文化的な違いによってより区別されている。ソ連による近代化以前は、カザフスタン‐キルギスの草原や丘では遊牧的な牧畜業が普及していた、ウズベキスタン‐タジキスタンのゾーンの渓谷には灌漑農業があり、他方、トルクメニスタンには、砂漠の牧畜業とオアシス農業の独特の結合があった。時とともに、ゾーン間の経済、そして居住地の非同型性は消えたが、付随した経済的な違いは残った。

中央アジア諸国の共通の形態は、資源配分の構造的な不均等性である。そこには典型的に、資本と水資源の双方が不足している。そして未熟練労働が過剰である。これらの事実が結合して、さまざまな側面において社会生活に影響を与えている。つまり社会的な支配と社会的信頼にかんする伝統的制度が過度に強力であることや、日常的行動の規範、民族的な関係、同様に権威にたいする公的な態度の理由となっている。(3) 一般的にいえば、どんな中央アジアの政府も、生存資源、すなわち土地、水、そして地方の食料市場への接近［の提供］を支配するかぎり、たとえきわめて低いレベルであっても、民衆を政治的に制御することが自由にできる。

事実上、資源不足からくる一触即発の潜在的可能性を短期間のうちに解消することはできない。このため、各権威は、考えられうる政治的影響を中和させる必要性に直面している。それらは、社会的な不安の自然発生的な燃え上がりにはただちに反応し、土着の抵抗を動員するあらゆる試みを妨げ、民衆の同意の精神を維持し、そして、競争する政治的エリートを一致させる必要がある。この観点から、すべての体制は、社会にむかうみずからの力を支えることに集中し、国内的な抑圧のための効果的な仕組みをつくり、政治的な多元主義を弱めなければならない。

このような、位置、空間、そして資源にかんするいくつかの重要な、全能ではないにせよ、特徴が存在している。これらが、中央アジアの民主的な政治発展のコースを制限し、そして中央アジアの権威主義への傾斜を容易にするのである。

二

次に、歴史の遺産をみていきたい。まず最初に、この遺産が、二つの異なる年代的な層からなっていることを指摘しなければならない。つまり、中央アジアが「東洋的」文明に内包されていた時代と、ロシア・ソ連時代とである。第二の時代は第一の時代を否定するかのようである、しかしながら実際には、いかなる社会生活の領域も、ロシア以前的な発展方向が完全な、回復不可能に中断することはなかった。たとえそれらが、ときには見分けがつかないほどに、厳しく破壊されたとしても。

同様に、支配的であった牧畜業の領域と農作業の領域双方において、最も重要な生産単位が一般に小さな（ときには広い）家族経営であったという経済発展の伝統的方向も消滅はしなかった。しかしながら、ソ連時代に民衆の経済活動は、まさしく二つのレベルに分かたれた。最初のレベルは、中央の計画経済の特権的な部門によって支配されていた、他方二つめのレベルは、小さな個人的な所有の最低生活部門のために仕方なしに取っておかれた。前者は、より良いより大きな地域的な資源の分け前とともに中央からの資本投資をうけていた。しかしながら、周辺の若者に有利な雇用を提供することに失敗した。

後者は、地域的な資源の実質的な分け前を失い、そして、裏経済の経路を経て流れてくる外的な投資の分け前しか当てにすることができなかった。したがって、それもまた新たな世代に完全な雇用を提供することに失敗した。このことが、一見してそれまでに経験したことのない規模における厖大な農業の人口過剰と、入手可能な生存資源の不足をもたらした。

人口が繁殖することを評価するという古くからの価値は、ロシア・ソ連時代にも残った。そのうえ、その実現のための、最良の条件が形成された。急速な人口増加は、この地域においてまったく新しい現象ではなかった。しかしながら、それが過去においてこのような規模に達したことはなかった。なぜならば、遅かれ早かれ、人口を制御するさまざまな自然の仕組みが、干渉するのが常だったからである。ソ連時代の人口統計学上の人口爆発は、環境への人間的圧力の増大の原因となり、そして、労働市場と伝統的な雇用の範囲への新たな労働力の増大の原因となり、これは潜在的な、また公然の失業の蓄積へと導くことになった。換言すると、人口統計学的な領域においても、伝統的遺産は、生存の手段を入手することが痛ましいまでに制限されるほどに、革新的遺産によって覆われた。

発展のエスニックな方向もまた、検討に値する。ロシア人が来る以前、中央アジアの特徴的な形姿は、トルコとイランとの二元支配であった。エスニック構造の二元性は、ロシア帝国への組み入れの後も、依然として残った。もっとも、トルコ・イランの二元性は、「ヨーロッパとアジア」のそれに取って代わられた。他の言葉で言うと、二元性の外見上の継承にもかかわらず、その本質はラジカルに変化した。「旧い」二元性のなかでは、エスニック文化の共存は、どちらかというと平和的であった。「新しい」なかでは、それはひそやかな対立へと変わった。比較的大規模なロシア化にもかかわらず、土着の民衆はその言語と文化を全般において維持した。同時に、異国の「ヨーロッパ的」民衆は、「アジア人」とは、限定的で表面的な文化的接触をもっていただけであった。この事態は、主に民衆の二つの区分を経済の異なる階級間に配分したこと、そして上層階内においてはさらに異なる経済の部門間に分けたことに起因した。二つの文化的世界が生じ、そして、土着の民衆の人口統計学的な拡張によって相対的なバランスが崩れるやいなや、「アジア的」世界は次第に「ヨーロッパ的」世界を圧迫しはじめた。この地域は、ペレストロイカによって瞬時に明らかとなった、隠されたエスニック間の緊張に直面しはじめたのである。

いかなる発展の方向がとられたにせよ、「東洋的」時代の遺産は、いたるところで生き残り、復活しはじめた。しかしながら、この復活は、必要物資の割合が低下したこと、新たな経済構造、地域のいままでにない情報化の浸透、そして異なる外的な政治的条件、を背景としておこった。すべてのケースにおいて、それは隣にあるロシア-ソ連の生きている遺産の表われのなかでおこり、それと複雑にからみ合っている。このように、すべて復活していくものが伝統として偽装されるとしても、植民地的、そしてソ連近代化の結果を、挑戦として対峙するほどには否定しない。それゆえこれらのことは、中央アジア諸社会の生活のなかに不安定をまねく強い爆破的な力をもたらしている。

中央アジアの歴史的遺産の異なった層が、近代の外見上に総体的に映し出しているものはなにか？今日、中央アジアの全体的な人口は、大雑把にふたつの社会形態に分けることができる。つまり、工業的と前工業的（あるいは、アーネスト・ゲルナーにしたがって、agro-literate）(4)。前者は、資本、工業都市、そして地域の北部における機械化された農業の穀物地帯に代表されている。後者は、中央アジアの残された領域にみられる。第一の社会によって占められた近代化された地区は、自由に樹立された社会的連関、個人主義、世俗主義、そしてコスモポリタンな文化パターンのための、現在のところ、農村-都市移住への圧力のもと、広く展開する砦であるかのようである。伝統の宝庫である農村的地方は、継承された社会的連関、家父長的価値、集団主義、宗教性、エスニックな、そして下位のエスニックな文化パターンによって支配されている。両方の社会は、互いに重なり合い、それらの地区はモザイク状である。工業的な社会は、カザフスタンとキルギスにおいてより強く、それにたいして前工業的な社会は、他の諸国家において、より強固な足場をもっている。

すべての中央アジア諸国は、多民族的で多文化的でありつづけている。支配的な民族(titular peoples)は、すべての国家において多数派の地位を享受している一方で、彼らのそれぞれは国境線によって分かたれている。もしも国境線が固まると、エスニックと国家との領域のあいだに一致が欠けていることと、一般的なエスニックの多様性とは、地域間緊張の危機的な源泉になるであろう。ポスト・ソ連での移住傾向を避けることができないにもかかわらず、中央アジアにおける「ヨーロッパ人」の比重は重要であり続けている。それはカザフスタンとキルギスの北部と北東部においてもっとも大きい。そこでは、「ヨーロッパ人」は分散的にも集合的にも、都市にも農村地区にも、生活している。ウズベキスタンとトルクメニスタンにおいては彼らの数はきわめて少なく、都市に拡散している。タジキスタンについていえば、この国の地方的な「ヨーロッパ人」少数派は、いまほとんど消滅しつつある。結果的に、「ヨーロッパ人」人口が、減少しつつも政治的な影響を行使でき、そして「もっと民主主義を」という要求をし、あるいはかれらの文化的な自律性を事実上を維持できるのは、北部の二つの国家においてである。南部の諸国家においては、彼らは政治的な役割を演じないか、愛国的な役割を演じるだけである。

実際、彼らは、堅い社会秩序が保障されるためには、あらゆる勢力と和平をむすぶ用意があるほど、土着の民衆から遠ざかっていて、そして社会的な暴力を恐れている。

「アジア人」の大多数は、サブ・エスニックな地方的な集団か「部族」に分岐している。伝統的な区分は、たいてい多くのレベルにおいて、支配的な民族（titular peoples）を内部から分裂させ、形式的な政治行為をサブ・エスニック集団間の争いを隠す煙幕へと変える。そこでは政治的な忠誠は、個人的な選択においてよりも、継承された血統か共同体的な関係に依存している。一般的に、これらの下位エスニックな忠誠心は、統一的なナショナルな選挙区の形成に干渉し、統治構造内の腐敗と縁故主義をあおる。伝統的な社会的ネットワークから排除されたエスニック少数派は、欠席裁判のような非公式の差別に直面する。支配的エリートは、隠れた、もしくは明白な派閥的争い(5)の双方によって分裂していて、それはネイション - ビルディングの過程を硬直化させている。「ヨーロッパ人」の存在は、支配的な民族（titular）の強化にとって良い刺激であることは事実である。しかしながら、彼らが地域を離れるとともにその事実は強さを失う一方で、エスニック間の対立は増大する。タジキスタンの一連の出来事によって示されたように、これは実際に国家構造の全体的な解体の脅威が存在している。

この理由によって、地域のすべての支配的なグループは、重要性の大部分を、名目上の多数派（titular majorities）を統一するイデオロギーや政策においている。換言すると、彼らの意識における原初的なアイデンティティーの象徴と地方化された文化的方言を、普遍的なナショナルな象徴と統一的な国民文化によって代用することである。しかしながら、マルチ・エスニックな人口を国民へと象徴的に統合するための基礎として用いられたのは、名目的な多数派（titular majorities）の言語と文化とである。すなわち、エスニックな偏りが、国民的な普遍性のための堅い外枠として使用されうるということである。

この名目的なエスニシティの道具的な使用は、差別的な国内政策、息苦しい政治的安定の過度の強調、グロテスクな個人崇拝の樹立、個人そして少数派の権利の体系的な拒否、を助長した。このため、権力とその政策双方の展開は、一見したところ、その国のために世界における威厳ある地位を確保するという崇高な願いによって生じたようである。しかし実際には、この目標の達成を妨害するのである。

三

中央アジアの憲法と政治的実践を分析してみると、(6) この地域が、世俗的な単一政府のかたちでの、政治的発展の権威主義的モデルを樹立する傾向が支配的であることを示している。「傾向」という言葉は意図的に利用している。なぜなら、完全な規模でのこのモデルの樹立された支配は、ウズベキスタンとトルクメニスタンにのみ、みることができるからである。カザフスタンとキルギスとでは、減少しつつあるとはいえ、民主主義的な政治発展への潜在力はなお残っている。タジキスタンは、真の統合を成し遂げてはおらず、国家の世俗的な性格が欠けていることは、ありえないことではない。そして、依然として地域的な規模での上述のモデルの優越性に疑問の余地はない。

疑似ナショナルな外観でのエスニック国家の構築への傾向もまた強い。憲法になにが規定されようとも、実際には、五つの国家すべてで権力を享受しているのは支配的（titular）なエリートである。政治発展、権威と資源の配分について決定をするもの、国家の抑圧機関の長は、すべて支配的なエスニシティの人々である。(7) その他に、中央アジアのあらゆるところで、支配的なエリートは、国民教育システムを、単独の支配的な文化の方言と文化的英雄が基礎的なものとして使用されるような、支配的な言語のみへと転換する政策を採用した。

現在、中央アジアで浸透しつつある政治発展のモデルは三つの様式に代表される。最初の様式はカザフスタンとキルギスとにあてはまる。そこでは、基本的な権威主義的なパラダイムが、一九九一年から一九九二年の政治的に柔軟な短い時期に導入された、いくつかの民主主義的な制度の名残りと結びついている。カザフスタンとキルギスはともに、重要で広範な権威が国家首長に与えられた大統領制共和国である。これらの体制タイプは、定期的な、しかしながら操作された選挙手続き、そして、人民投票、大統領令と法的規制の弾力的な切り替えによって指揮される統治をともなうような、緩やかな、あるいは高度の日和見主義的なボナパルティズムによって、特徴づけられている。各々の国家には、政府の異なる部門のあいだに、憲法上委任された権威の分立がある。実際には、しかしながら、これは執行権の先制的な強化と立法と司法の監視の弱化へと変わった。現在、双方の国家の支配者は、いくつかの独立した政党、そして産業団体、人権団体、比較的自由な報道、そして支配的な出自の知的リーダーからの時折の反抗的な言葉（この反抗的なつぶやきが大衆支持をえるための体系的な努力にかかわらないかぎり）さえも許している。実際には、現在の体制の批判は政治的に無意味でありつづけている。なぜならばそれはしばしば検閲され、そして資本家を超えて知識人の下へ流れていくことがほとんどないからである。私的な会話においては、両方の大統領にたいするさまざまな告発を聞くことができる。しかしあらゆる場合、アカエフとナザルバーエフへの公的な攻撃は不可能である。統合的なイデオロギーや、国民国家理念を強調する優越は積極的に展開させられている。

カザフスタンとキルギスとは、中央アジアにおいて極大なまでに、外の世界に開かれている。トルコよりも、おもにアメリカ合衆国、西ヨーロッパ、アジア太平洋地域の諸国にむけられた積極的な外交政策が特徴となっている。いまのところ、ロシアとの関係は、外交政策において最も重要な位置を占めていて、両方の国は、地域において最も高く、ロシアとの協力のための潜在力を保持している。地域的な隣国との関係では、カザフスタンにおいては地域の指導権をめぐる対抗という側面、結びついた協力関係が存在している。

経済的な領域における政策は、世界経済への統合、外国投資家のための優遇条件の提供、そして、輸出向け天然資源経済部門の優越的な発展のためになされてきた。カザフスタンにおいては、国民的な資本がほとんど独占的に、権威への接触をとおして、また一族を基礎に、「上」から形成された。これにたいしてキルギスでは、中小企業発展のために有利ないくらかの条件を有しているかのように思われる。両方の国において、表明された経済政策は、実際の生活発展からは大きく異なっている。このことの主要な原因の一つは、両方の国が地域においてもっとも「ルーズ」である、という事実である。これらの執行権威が、なんらかの課題を安全保障から切りはなして効果的に解決しようとすることは、めったにない。

二つめの形態は、ウズベキスタンとタジキスタンとに代表される。しかしながら、後者は内戦という特別な状態にあり、ここではウズベキスタンの例だけが考察されることになる。この形態のなかに、われわれは民主主義のたんなる粉飾的な要素、そして大きな権力が国家首長に付与された大統領制共和国をともなう、厳しい権威主義を目撃することができる。立法権と司法権は執行権からのいかなる独立をも享受していない。八〇年代後半と九〇年代前半にのみ現われた、政治的な多元主義は急速に抑圧された。現在では、弱い政党構造は、政府システム内のコントロールのもとにおかれている。マスメディアも完全に政府のコントロールのもとにあり、人権活動は不可能である。国家の抑圧機関は肥大化しつづけている。厳しく制限された批判は、権威の下層に対してのみ許されている。ウズベクの偉大さについての国民イデオロギーは、大いに宣伝されている。

外の世界への形式的な開放にもかかわらず、国の現実の発展についての独立した情報を得るための、ジャーナリストや研究者の訪問の試みは、未然に防がれている。外交政策は積極的で、文化的に関連のあるイスラム国家よりも、潜在的な投資家、また地域におけるロシアの影響にたいする対抗的な均衡を考慮されたであろう諸国にむいている。ウズベキスタンは、地域唯一の指導者の地位を要求しながら、ますます自身をロシアとＣＩＳから遠ざけている。

精錬工業における輸出向け発展と加工部門における輸入代替との結合、農業の発展、穀物における自足の達成は、ウズベキスタンの経済政策における主要な課題となった。近代化の国家主義的なモデルが選択され、国家は経済活動の原理的な主体となった。比較的強い執行権の上からの方針の存在は、この政策の実現を容易にしている。しかしながら、反面では経済関係の過剰規制や、非伝統的な企業の発展の緩慢さがみられ、そして大多数の人々の収入と消費を低いレベルに厳しく制限している。

三番めの権威主義的な形態はトルクメニスタンによって示されている。そこには容易に、ボナパルティズムの頑強で家父長的なかたちをみいだすことができる。後者は自身を中世的な padishahism の一種に展開しつつある。直接の大統領支配は、国民投票と疑似選挙を経て、形式的には正当化されている。しかしながら、トルクメニスタンに悪名高い安定をもたらしているのは、民衆にたいする警察のコントロールであり、またトルクメンバシの崇拝の意図的な促進である。憲法レベルでさえ、権力の分立は不完全である。(8) 政治参加は未発達で、報道は追従的で、そして野党は破壊され、あるいは追放されている。国民統合のイデオロギーは、しばしばすべての市民の大統領への個人的な忠誠へと還元されている。つまり最高の決定者と国民の父である。これは、従属者の意識のなかに、平和、秩序、そして富を全世界に提供する情け深い専制的な権力の能力にたいする、純粋に伝統的な信仰を、植え付けるという意図を含んでいる。

トルクメニスタンはウズベキスタンよりも世界から閉ざされている。外交政策は、活動の中位レベルによって特徴づけられていて、そして主要な世界的な諸中心からの等距離の原則を用いている。同時に、世界政治と経済における二番手の諸国とは実用的な友好関係の樹立がある。長い間トルクメニスタンは、

ＣＩＳの出来事におけるもっとも受動的な参加者であった。しかしながら、トルクメニスタンとロシア間の双務的な関係は、たとえその範囲においてどちらかというと控えめであったとしても、カザフスタンとロシア、あるいはウズベキスタンとロシア間のそれよりも強固に打ち立てられている。

経済的な領域における目標は、国を主要なエネルギー供給国として世界市場に紹介することであった。しかしながら、腐敗と地方的な縁故関係によってひどく浸食された経営の弱さは、国が独立した発展の出発時にもっていた多くの客観的な優越性を消してしまった。最終的に、野心的な官僚たちによる、国を新たな自足的な「クウェート」に変形するという計画は、大多数の住民の困窮化に直面して、徒労以外のなにものをもたらさなかった。

四

中央アジアにおける権威主義的モデルの成功は、大部分、この地域の地理と歴史とによって運命づけられていた。エリートたちでさえも、彼らの決定や行為が、地域的な空間や資源の圧力によるのと同様、二つの歴史的な遺産の層によって、実質的には決まっていたことを理解しようとはしなかった。事実、政治を政治的な行為の空間とこの空間での文化的な内容に関連づける過程が自発的なものであったのか、組織化されたものであったのかは、あまり重要ではない。真に重要なのは、この関連が形成されつづけていることである。

中央アジアの諸共和国は、みずからのいかなる努力もなしに独立を達成した。タジキスタンを除いては、それらは、旧いエリートに挑戦することのできる新しい「自由戦士」というエリートを発展させてこなかったし、権力とその運営の古い形式の遺産は、旧ソビエト連邦のなかで最も強力である。しかしながら、この事実のみが、モスクワからコントロールされた権力を、すなわち書記長の権力を、コントロールされていない大統領の権力へ移行させることについて、旧来の安定の価値と共鳴することなしに、重要な役割を演じたわけではないだろう。同様に、形式的な政治構造のなかでの民衆の活動の低いレベルは、物理的な生存のための困難な苦闘によって消耗した民衆の自然な脱政治化だけによるのではない。人間の生命が依拠する土地と水とが不足しているという、数世紀にわたる古い記憶もまた重視されるべきである。この記憶によれば、一定の行動の規範にしたがってのみ、これらの限られた資源への接近が可能になるのである。そしてこれらの接近を提供する原理的な規範は、つねに権威への服従であった。

過去への記憶は、大きな効力をもっている。なぜならば、中央アジア社会の現在の政治的に重要な性格のなかで、歴史のただ一つの時期に結びつけられるものはないからである。単一民族の基盤の上に国民国家を形成する傾向でさえも、ソ連時代にのみ起源をもつのではない。民族国家への渇望の後ろには、他のあらゆる関係にたいする「血族」関係のあきらかな優越という古い考えをみることができる。以前の氏族への無反省な忠誠は、現在、エスノ国家（ethno-nation）にも妥当している。しかしながら、この考え方もまた、ソ連のエスニックな国家の線に沿った地域分割とともに、国民的自由のための闘争に対する賞賛によって権威づけられている。ナショナリズムの考えは、いかに批判されようとも、中央アジアではソ連時代になって知られるようになったものである。

しかしながら、権威主義的モデルの「予定説」は、その能率も、その長寿も変更の不可能性をも保障しない。それは破棄されるかもしれない。これが起こるためには、民衆は徐々に政府の保護から分かれなければならない、社会は権威への圧力を増大させ、その政策が社会の主要な利益と衝突する場合には、直接反対しなければならない。現在のところ、権威主義的なモデルを否定するための原理的な条件は、とくに中央アジアではみられない。ソ連政府のパターナリズムに馴らされた「ヨーロッパ的」な民衆でさえ、政治活動はとても低いことを示している。しかしながら、歴史的な遺産は、権威的な権力を徐々に浸食するのを助けるというある種の側面をもっている。「東洋的」な時代から継承した地域の非常に断片的な社会構造は、権威的諸構造が、みずから支配的な力となるのを妨げている。ソ連時代は、正義、平等、人間の態度の価値を消さずにおいた。直接的に、あるいは間接的に、それらは権威主義的な権力の正当性に挑戦する。そして正当性の欠落は、まさしくもっとも安定した権力を内部から浸食する錆である。そして最後に、中央アジアの地理的な空間は、限界であるとはかぎらず、同様に刺激でもある。中央アジア諸国は、外の世界にむかって開かれていなければならない。この必要は、これらの国の原料輸出と資本と技術の輸入への依存によって余儀なくされている。しかしながら、それらが自身を開けば開くほど、権威主義を長い時間にわたって維持するのは不都合となるのである。

注

(1) 交通の問題についてより広くは I. R. Azovskii, V posikakh putei rasshureniya transportnykh svyazei, *Vostok,* 1997, n. 2. を参照せよ。

(2) Masanov, Nurbulat, 'Natsional'no-gosudarstvennoye stroitel'stvo v Kazakhstane : analiz i prognoz', *Acta Eurasica,* 1995, no 1.

(3) Bushkov, V. I., 'Tadzhikskii avlod tysyachiletiya spustya...', *Vostok,* 1991, no 5 ; Polyakov, S. P. *Tradi-tional'izm v sovremennom sredneaziatskomobshchestve*, M., 1989.

(4) E. Gellner, *Nations and Nationalism.* Basil Blackwell, Oxford, 1983, p. 9.

(5) 例えば N. Masanov, 'Kazakhskaya politicheskaya i intellektual'naya elita : klanovaya prinadlezhnost' i vnutrietnicheskoye sopernichestvo', *Acta Eurasica,* 1996, N1(2). を参照せよ。

(6) 以下に拠る。憲法の条文、ロシアや中央アジアの定期刊行物にしたがった情報、そして *Kazakhstan : reliyi i perspektivy nezavisimmogo razvitiya*, Moscow, 1995 ; *Uzbekistan : Etnopliticheskaya Panorama, ocherki, do-kumenty materialy*, vol 1-2, Moscow, 1994, 1995 ; Smith, Graham (ed.), *The Nationalism Question in the Post-Soviet States,* London, 1996, などの業績。

(7) 十分に特徴的なことであるが、カザフスタンの国防委員会、内務省と検察庁の民族構成のデータは、一般的に秘密であるか制限されている。現在われわれは、一九九四年四月一日の時点で、内務省と検察庁の上級職においてカザフ人がしめる全体の数がそれぞれ六〇%、五三%である、ということを発見することに成功した。同時に、カザフ人が全人口においてしめるのは四〇%をわずかに超えるにすぎなかった。それは労働人口においてはもっと低かった。

(8) これとの連関で Halk Maslahat(人民議会) 形成の機能と原理の記述 Anderson, John, 'Authoritarian Politi-cal Development in Central Asia : the Case of Turkenistan, *'Central Asian Survey,* 1995, vol 14, no 4. を参照せよ。

第7章　中央アジアの地域構造と国際関係の変動

ソ連崩壊前後には、中央アジアは本来一体性の強い地域であって、これからモスクワのくびきが取れ、中央アジアの再統合がどんどん進むのだという見方があった。しかし、現実には中央アジア諸国は、あとで具体的に話すように、内政の面でも、外交の面でも、それぞれが独自の動きをしており、統合の動きはそれほど強くはない。

そもそも中央アジアという地域は存在するのだろうか。存在するとすれば、中央アジアという地域枠組みは何によって成立しているのだろうか。それを歴史的に考えた上で、現在の地域構造と国際関係の変動を論じたい。

中央アジアという言葉がいつ成立したのか、残念ながら私には調べがついていないが、そもそもアジアという概念がヨーロッパ人の発明であるのと同様、中央アジアもヨーロッパ人の視点でつくられた地域概念であることは確かである。

それに対して現地に古くからあった地域概念として、トルキスタンという言葉が強調されて使われることがある。これは現地の民族主義者、あるいは西側の研究者の一定の範囲がとくに好んで使う言葉だが、このトルキスタンという言葉も、最初は中央アジアのなかでもシルダリヤの北側の半草原、半砂漠地帯を主に指して使われていたのが、のちにはもっと南の地域を指すようになったり、さらにはトルコ系、テュルク系の人々が住む地域全体を指したりと、時代によりさまざまな空間を指し、さまざまなニュアンスを持って使われてきた言葉である。

また、必ずしも土地の人々のあいだに古くから、しかも広く流布した統一的な名称ではなかった。むしろ一八六〇年代にロシアがトルキスタン総督府をつくって中央アジアの統治を始めた段階で、明確な領域を持った地域名称として定着したといってもよい。また、トルキスタンはテュルク(トルコ)系の人々が住む場所という意味だから、ペルシャ系の言葉を話すタジク人の住む地域をどう扱えばよいのかという問題もある。

では、そもそも太古からの歴史を振り返ってみた場合、いま中央アジアと呼ばれている地域にはどのような地域構造が存在するのだろうか。ごくおおまかにいえば、中央アジアの北部は中央ユーラシアの大草原の一部であった。この中央ユーラシアの大草原は、東は満洲から西は現在のウクライナまで、場合によってはハンガリーまでつながるステップ、草原のベルトであり、古くから遊牧民の活動する地域であった。

他方中央アジアの南部は、オアシスのベルト地帯の一部であった。このベルト地帯は、東はトゥルファン盆地、タリム盆地から始まって、西は、どこまで続くかは非常にあいまいだが、イランに連続していることは確かだ。ここは農業や商業に携わる定住民がさまざまな文化、文明を育ててきた場所である。

つまり、現在中央アジアと呼ばれている地域は、あえて言うならば、中央ユーラシア草原と、オアシス・ベルト地帯という両地域の接触地帯、ないし文明交流圏であった。しかし、中央ユーラシアのステップ遊牧民地域と、オアシスの定住民地域のそれぞれの文化の独自性は、あくまで維持されていた。時代が下るにつれて、テュルク系の言語、また遊牧民的な王朝の血統意識がステップからオアシスの側に浸透していった。逆にオアシスの側からステップには、イスラムを構成するさまざまな価値観や法律その他が浸透していった。こうして両者の共通性は徐々に高まったが、やはり均質化したとは言えない。

こうした状況が若干転換するのは一六世紀以降である。それまで中央アジアのオアシス地帯と非常に強い一体性を持っていたイランにサファヴィー朝というシーア派の王朝が成立し、中央アジアのスンナ派のシャイバーン朝と対立することによって、イランと中央アジア・オアシスの交流、また両者の共通性が低下した。

また東のほうを見ると、モンゴルでチベット仏教が普及し、イスラム教の中央アジアとの違いが出てくる。そしてモンゴル系のジュンガルとカザフ人との対立によって、モンゴルと中央アジアの関係が非常に複雑になり、やはり一体性は低下していく。

そして西のほうを見ると、現在のウクライナと南ロシアの地域は、それまでかなりの部分、遊牧民の活動領域であったのが、ロシアの領土に組み込まれ、だんだんスラブ系の農民の地域になっていく。

このように周りが切り取られるという消極的なかたちで、将来中央アジアと呼ばれる地域の境界線は、一六世紀から一八世紀にかけて、おぼろげながら定まってくる。

そして、一九世紀、一八二〇年代にロシアはカザフ草原の北部と中部を直接支配しはじめたが、その当初、これらの地域はロシアにとってはウラル地方およびシベリアの延長として扱われた。カザフ人とキルギス人の違いが認識されていなかったこともあり、カザフ人は当時、シベリア・キルギスとか、オレンブルグ・キルギスと呼ばれたのである。

しかし、一八六〇年代にカザフ草原の南部およびオアシス地域がロシアに征服されたとき、中央アジアは、保護国となったブハラとヒヴァを除けば、地域によって多少差はあるけれども、ほぼ同一の統治体制のもとに置かれた。そして、中央アジアの原住の民は、一部の有力者を除いて異族人という身分カテゴリーに入れらた。ロシア人とは違う扱いだけれども、中央アジアの人たちはだいたい同じ扱いを受けるということで、ある種の一体性が中央アジアにおいてロシアによってもたらされた面がある。

ただし行政区分としては、一八二〇年代にロシアの支配化に入った地域はステップ地方、一八六〇年代以降に征服された地域はトルキスタン地方に分けられた。このことは中央アジアに一定の分裂を残した。

二〇世紀の初めに中央アジア諸民族の知識人による文化運動および政治運動が盛んになる。そして、最終的には自治を要求していくが、そのとき、トルキスタン地方のなかにいるカザフ知識人は、現在のウズベク人やタジク人にあたるオアシス地域の知識人と手を携えて活動をした。他方ステップ地方のアラシュ・オルダという自治政府の中心になったカザフ知識人たちは、ウズベクやタジクの知識人とはやや距離を置いた活動をした。

そしてまた、カザフの知識人がロシア人やタタール人の啓蒙運動、あるいは民族運動と密接に交流していたのに対して、オアシス地域、とくにブハラの知識人はロシア人との結びつきは相対的に弱く、かわりにアフガニスタン、あるいはオスマン帝国、現在のトルコと交流を求めていった。

ここでトルコとの交流ということで言及しておきたいのが、テュルク系諸民族の連帯を唱えるパン・トルコ主義の問題だが、パン・トルコ主義というと、一つには非常にネガティブなニュアンスで旧ソ連では使われたということと、もう一つには日本でパン・トルコ主義というと、トルコ共和国を中心にまとまっていこうという思想だという一面的な理解をされるので、テュルク主義、テュルキズムと呼んだほうがいいだろう。この思想は一九世紀末から二〇世紀初めにかけて現われた。必ずしも多くの人に支持されてきたわけではないし、その論拠も場合によって薄弱であったり、一方的なところが多いが、さまざまなかたちで中央アジアの一体意識を強める働きをしてきた言説であるということは言えるだろう。

テュルク主義は、ロシア領に取り込まれず、中国領になった東トルキスタン、現在の新疆ウイグル自治区をも含むかたちで、中央アジアの一体意識を強める、あるいは保つ働きをしてきたという側面がある。またソ連時代の初期に大ロシア主義に対抗して、テュルク諸民族の共産党をつくろう、あるいはテュルク・ソビエト共和国をつくろうという構想が出てきたが、そこにもテュルク主義的な考え方の影響を見ることができる。

一九二四年から二五年にかけて、中央アジアでは民族・国家境界画定という作業が行なわれて、現在の五カ国の原型がそこでつくられた。つまり、民族共和国の境界を明確に引くという政策がソ連指導部によってとられたのである。これはテュルク主義的な動きへの対抗措置という意味を持っていて、それゆえに分割統治の政策であったともいわれる。ただし、実際には中央アジアが一つの共和国としてやっていく可能性は低かった。ソビエト政権による分割統治的な政策を待つまでもなく、中央アジアのさまざまな民族間の軋轢はいろいろなかたちで現われていた。また逆に、ソ連は中央アジアを五つの共和国に分割したとはいっても、中央アジアとカザフスタン（スレードニャヤ・アジア・イ・カザフスタン）というふうにひとまとめにして、これらの五共和国を扱った。また、経済地域の設定、交通・通信網の建設も、共和国の境をまたがるかたちでしばしば行なわれた。

また、中央アジア諸民族の境界線の設定、だれがウズベク人で、だれがタジク人であるというような明確な区分けとか、それぞれの民族文化がこういうものであるという性格付けをし、それによって現在中央アジアの諸民族が民族的な自己主張をする基盤をつくったのは、実はソビエト民族学である。そのソビエト民族学にも、中央アジアとカザフスタンの諸民族ということで統合的に研究する体制があった。

したがって現在、中央アジアの人々に一体性を意識させるものとは何かというと、三つ挙げられるように思われる。

一つは、非常に長いあいだをかけて形成されてきた、ゆるやかな文化的共通性。それは先に述べたような、テュルク的、遊牧民的な文化要素、そしてまたイスラム的な文化要素である。そしてまた、それにまつわるテュルク主義的な言説の作用がある。また、テュルク主義におさまらないタジク人の場合も、言葉が違うだけで、自分たちはウズベク人とよく似ているのだという意識はどこかに持っている。

そして第二に、ロシア帝国、またとくにソ連において同一の支配体制のもとに置かれてきた、しかもロシアとはいろいろ意味で違う扱いを受けてきた地域であるという共通の記憶である。

それから第三は、これはいままで話したこととは別だが、新たに中央アジア諸国と交流を深めつつある諸外国が、外交政策や交流事業において、中央アジア諸国をひとまとめに扱うことが多いということである。たとえば東京で中央アジアに関する催しものをやって、五カ国から人を集めるということがときどきあるわけだが、そこで久しぶりに再会したという中央アジアの人たち、あるいは初めてそこで出会ったという人たちをしばしば目にすることができる。そういうことが日本に限らず、ヨーロッパ諸国、あるいはアメリカで繰り返されている。そのことによって中央アジア諸国の人々が、自分たちが外から見て一つの地域なのだということを認識する。さらには自分たちの側から世界への外交政策を展開していく際に、そのことを意識するということが指摘できると思われる。

ただし、他方では中央アジアの各国のエリートというのは、ソ連時代には、ソ連共産党をはじめ、全連邦的な組織によって統合されていたわけだが、現在はそれぞれの国が、それぞれの大統領を頂点にいただいた新しい統合原理によるエリート層を急速に形成、統合させつつある。そのような現在、各国間の交流は必ずしも重要な意味を持っておらず、むしろ途切れがちであるという状況がある。また、各国の経済的、あるいは外交的な利害も異なっている。そして、今後、ソ連時代の記憶が徐々に薄れていく。

そして、ソ連崩壊後に高等教育を受けたような新しい世代が台頭してくれば、各国の協調はますます難しくなる可能性もあると思われる。

それでは現状に関する具体的な話に移りたい。現在、中央アジアをめぐってどのような国際関係が存在するのか、そして、今後、中央アジア外の国も含めて、どのような国際関係、どのような地域構造が形成されうるのかということを話したい。

カザフスタンとキルギスタンは産業構造および貿易構造の面においてロシアとの関係が深いし、また、ロシア人が多いという意味でも、当然ロシアとの関係は深い。そしてカザフスタンの大統領ナザルバエフは、CIS諸国の統合の旗振り役でもあった。しかしながら、ロシアとの関係が深いことは、ソ連の崩壊による経済危機がこの二カ国において非常に深刻であるという結果をもたらした。そしてまた、とくにカザフスタンはルーブル圏に当面のあいだは残ろうとしていたのに、一九九三年に同国がロシアから追い出されるかたちでルーブル圏は破綻した。また、最近のロシア金融危機の影響もとくに深刻なのはこれら二カ国、とくにキルギスタンのほうなのである。

そこで現在、両国はロシア以外の国とも積極的に関係を結ぶ全方位外交と外資の誘致を行なっている。そして、諸外国もこれらの国の天然資源や金属産業をめぐって盛んにパワーゲームを繰り広げている。具体的に例を挙げると、ここ数年、カザフスタンの金属産業を牛耳ってきたイギリスのトランス・ワールド・グループという会社があるが、これが九七年の秋から冬にかけて、カザフスタンから勢力を追われるという事件があった。これはロシアでトランス・ワールド・グループが影響力を失ったのとほぼ時期を同じくしているし、また、トランス・ワールド・グループが製品をロシアだけでなく、中国に売ろうとしたことと関係があるといわれる。

また、エキバストゥズという場所に発電所があるが、そこの電力をこれまでどおりロシアに売ろうか、それとも中国に売るべきかという議論が最近あったが、これもこれまでどおりロシアに流すという決定が下された。

このようにロシアと中国の隠れた勢力争いがカザフスタンでは展開されている。ただし、中国はいまのところ非常に慎重であって、ロシアとの関係を悪くしないようにしている。そしてまた、カザフスタンの側も、ちょうど九九年一月にあった大統領選挙で、ロシア系の住民の票を確保するというような意味で、クレムリンに支持を要請したり、それからロシアのポップスターを呼んで宣伝活動を行なったりというようなこともした。ごく短期的にいえば、いまのところロシアが優勢であるといえるが、しかし、今後はどうなるか。中国が有効な経済発展のパートナーとしてより注目される可能性も残されていると思う。

また、トルクメニスタンはイランと非常に長い国境を接しているので、イランとの交流の拡大の傾向がある。また、ご存じのとおり、カスピ海の石油、天然ガス資源のブームがあって、世界中から注目されているが、もしこのブームが今後も続くならば、コーカサスおよびトルコを通じて地中海に出よう、そしてまた、アフガニスタン情勢が落ち着けば、アフガニスタンとパキスタンを通して海への出口をねらおうという姿勢も示している。つまり、どちらにしてもトルクメニスタンは中央アジアの外、ＣＩＳ

の外に目を向けようとしている。

ウズベキスタンは地政学的にロシアとイランににらみをきかせられる位置と国力を持っている。そしてそのことによってアメリカの関心を引きつけつつ、中央アジアの地域大国になろうという志向を最も強く持っている国である。ただ、これは今のところそれほど成功しているとは言えない。というのは、ほかの諸国に影響できるチャンネルをあまり多くは持っていないからである。中央アジアのほかの国に住んでいるウズベク人が多いということがよくいわれる。しかし、各国のエリートのなかにウズベク人は決して多くない。タジキスタンを除いてはほとんどいないと言ってもいいわけで、今のところほかの諸国への影響のチャンネルは、まだ模索している段階だ。

最後にタジキスタンでは、中央アジアでは唯一、本当の力の真空が生じた。つまり、ほかの諸国であれば、それぞれの国の政権は十分力が強いために、ソ連が崩壊したといっても、本当の意味での力の真空が生じたわけではないが、タジキスタンの場合は政権自体がガタガタになって内戦が起き、現在いちおう解決の方向に向かってはいるが、落ち着かない状態であるということで、内外の諸勢力が入り交じった勢力争いが行なわれている。

とくにロシアとウズベキスタンとが、タジキスタンへの影響力をどちらが取るかという関係にあって、最近もタジキスタン北部で起きた反乱をめぐって、タジキスタンの大統領がこれはウズベキスタンの陰謀だと言ったり、それに対してウズベキスタン側が、タジキスタンの大統領がそんなことを言うのはロシアがそそのかしているからだというようなかたちで、激しい応酬を行なったこともあった。

このように現在、中央アジア諸国のあいだには非常に多様な動きがある。それでもごくゆるやかな地域的なまとまりがあって、たとえばアラル海をめぐる環境問題の解決のために、これはどの程度実効的に進んでいるかというと疑問ではあるが、定期的に首脳会談を開いたりしている。このような多様な動きのなかでのゆるやかなまとまりというのは、一つの安定のかたちではあろう。

しかし、もし今後、周辺の国が強引なやり方で影響力を強めようとしたり、あるいは中央アジアのいずれかの国が覇権主義的な態度を取ったりすれば、バランスが崩れて、中央アジアは本当に一つの地域ではなくなってしまう。分裂してしまう可能性も、これは決して近い将来の予言として言っているわけではないのだが、可能性として警戒しなければいけないことであると思われる。

ロシアは歴史的にも、また地政学的にも、中央アジアとある程度近い関係を維持するのは自然なことであると思う。しかし、ソ連末期以来、ロシアは一方ではしばしば中央アジアを重荷と考えて切り捨てようとした。他方では、中央アジアにいるロシア系住民の問題を持ち出して圧力をかけたり、たとえばトルクメニスタンからウクライナ、ヨーロッパ方面につながる天然ガスの輸出ルートをロシアが押さえているから、それを利用して脅しをかけようとしたりということをしてきた。しかし、現在、中央アジア諸国にとっては、ロシア以外にも外交上の選択肢はたくさんあるという状態である。しかもロシアとの関係が深い国ほど経済的な不利益を負わされてきたというこれまでの展開から言えば、中央アジア諸国がロシアとの関係強化、ＣＩＳ統合の強化に本腰を入れる動機というのはそれほど大きくないと言える。

もしもロシアが中央アジアでのプレゼンスの増大を望むのであれば、まずは自国の経済を建て直して、ロシアとの経済交流が中央アジアにとってプラスに働くようにしなければならない。また、これまでときどきとってきた、圧力と策謀に頼る手法を完全にやめて、中央アジア諸国と対等なパートナーとして臨まなければいけないだろうと思う。

斎藤（法政大学経済学部）

中央アジアという言葉そのものについての質問がある。ロシア語で二つの言い方がある。ツェントラリナヤ・アジアとスレドニャヤ・アジアという言葉である。ソ連時代にはスレドニャヤ・アジアという言葉が一般的で、宇山さんも先ほどのソ連時代のことでスレドニャヤ・アジアという言葉を使った。英語で言うとスレドニャヤ・アジアはセントラル・アジアである。けれども、スレドニャヤ・アジアというのはインターミディエイト・アジアという意味で中間的である。

九六年の夏に中央アジアへ行って、タジキスタンを除く四カ国に行った。現地の人たちがロシア語で言う場合には、必ずツェントラリナヤ・アジアという言葉を使っていた。そのあとモスクワへ行って、モスクワで経済研究所の人たちと話したときには、ロシア人たちは例外なしにスレドニャヤ・アジアという言葉を使っていた。だから、その言葉それ自体にかなり中央アジアの現地とモスクワのロシアの人たちとのあいだに意識のずれがあるのではないかと思いうけれども、これについてどう考えるべきか。

宇山

スレドニャヤ・アジアという言葉が中央アジアのカザフスタンを除く四共和国について使われたのも、当然ソ連時代からであって、ロシア帝国の時代には若干違う意味で使われていた。とにかくソ連の時代にはスレドニャヤ・アジアとカザフスタン、中央アジアとカザフスタンというかたちで言われていたのが、一九九三年に中央アジア諸国の首脳会談が行なわれたときに、これからはカザフスタンだけを区別するのではなくて、全部同じ名前で呼ぼう、それはツェントリナヤ・アジアと呼ぼうということに決めた。

しかし、それはソ連崩壊後に中央アジアで決めたことなので、ロシアの人はあまりそれに関係なく、スレドニャヤ・アジアという言葉を使っているわけである。また中央アジアのなかでも、私の印象では、ウズベキスタンの学者は必ずしもツェントラリナヤ・アジアという言葉を好まない。ツェントラリナヤ・アジアというと、ソ連時代はモンゴルとか、新疆とか、チベットのことを指していたので、非常に混乱することになる。それで使いたがらない学者が、少なくともウズベキスタンにはかなりいるのが事実である。

第8章　CIS論争

この独立国家共同体CIS問題には中央アジアなどからのせまい地域的なアプローチではなく、もう少し別の角度から考えてみたい。

最初にいいたいことはソ連邦というのが崩壊するというのは、筆者（ミグラニャン）の観点からいうと、必ずしも最初から決まっていたわけではないことである。これはすべての人々にとって災難であった、そして積み重ねられた管理の間違い、あるいはソ連邦というものの性格についての誤解が重なって、こういう結果になったということである。

もちろんソ連邦自体は改革されるべきであった。しかしそれが結果として崩壊に導かれていったということである。これはソ連邦についての全般的な理論的なアプローチの仕方ということになる。

この考えは体制の性格、ペレストロイカの時期について、わたしが出版した多くの著作の基礎になっている。ゴルバチョフ氏にも個人的に指摘した。今でもそう思っているが、ロシア人はこれをどういうふうに英語や日本語に訳したらいいかわからないが、愚か者だから、そういう終末を迎えたのだといいたい。

　ということは誰かがソ連邦やその体制を破壊しようと仮に意図したとしても、理論的には、そして合理主義的な観点からすれば、それは全く不可能である。

　だが、自分たちがなにをやろうとしたのかわからなかった人たちがこういう結果をもたらしてしまったということになる。つまりそれが、ゴルバチョフ、ペレストロイカ、そしてソ連崩壊といった、すべて起きたこととの結果であったということである。

　ここでソ連邦崩壊の後に何が起きたのかということについて、述べたい。というのもソ連邦の崩壊の基礎というのはバルト諸国だとか、あるいは中央アジアやカフカーズの共和国の民族主義が原因であったというわけではないからだ。崩壊というものの基礎は全く考えもつかないことが原因であった。

　つまりそれは何かというと、ロシアを破壊したということになろう。あるいはひとつのロシアがもうひとつのロシアを破壊したといっていいのかもしれない。これがロシアのねじれともいうべき現象である。モスクワ自身が分裂していた。聖書によると、キリストが言ったように「もし分裂している家は長持ちせず、それは崩壊する」だろうということである。それはまさにロシアで起きたことである。

　この観点からいうならば、生じたことというのは全く自然に反することであった。つまりもし今、イングランドが連合王国から離脱しようと試みる、そして連合王国を崩壊に導くということを考えればいいわけである。

　この観点から今状況をみてみると、われわれはロシアにとって全く異常な国境線を有しているわけである。一六世紀以来存在したことのなかったような、そういうような国境線ということである。われわれは世界中で最も分裂した民族をつくりだしたのである。つまり、三〇〇〇万人ものロシア人や、あるいはロシア語をしゃべる人々というのがロシア連邦の国境の外に住んでいるということになる。われわれは今や数限りないほど破綻した国家があり、ここでは、民主化、市場経済への発展があるわけではない。ひとつ二つ例外はある。ウズベキスタン、トルクメニスタン、ベラルーシは例外であろう。そこでは統一され権威主義的な権力の性格があり、であるがゆえに例外になるわけであるからだ。そして経済的な災難というものが、ここではこれ以上触れないけれども、ある。

それこそ独立国家共同体の発展の現段階ということになる。

発展段階の第一段階というのはだいたい一九九三年くらいまでの時期をいう。この時期は独立による有頂天の時期であった。このときはロシアに対する非常に厳しい批判の時であった。いわば自由を得た奴隷たちの立場のようなものであって、主人の顔に泥をかけることが生まれた。そして実際どこでもそういうことが起きた。たとえば、もっとも粗野な形ではバルト三国であったけれども、そこではロシア人を二級市民におとしめ、事実上アパルトヘイトのようなエスノ主義的な国家ができあがった。そこでは国のタイトルを持った支配者民族がほかの人々を除外した形で、つまり市民権や政治的権力を与えることなしに、そういう国家が生まれたわけである。これは、どこにおいても民族主義的な感情が再発し、反映した時期である。そういった旧ソ連邦の諸共和国でそういったことが起きたわけである。それに対して国際社会も、当のその共和国自身も準備ができていなかった。それらの共和国はソビエト連邦の外で自分のふさわしい地位を見つける準備ができていなかった。世界のコミュニティもまた、これらの共和国を新しい経済・政治・安全保障の構造の中に統合していくことに準備ができていなかった。

その結果として、すべての共和国は二年以内にロシアのほうへもどってきた。そして遠心力的な傾向は求心的な傾向に変わったわけである。このとき、ユーラシア連邦という提案を、カザフのナザルバーエフ大統領が出した。そして、その時期はまさにウクライナで民族主義者が失敗し、一九九四年にクチマ氏がロシア語をウクライナの第二の公用語にすべきだというスローガンで、選挙に勝った時期であった。ウクライナとロシアとの結びつきを強め、CISの構造を強め、キエフとクリミアとが独立する上で条約を結ぶということを強めた時期である。またそのときは、グルジアが独立国家共同体に入ったわけだが、そのグルジアはほとんど破綻国家に等しく、事実上いくつかの部分にばらばらになり、首都トビリシが支配する機会を失った時期でもあった。アゼリ人はアルメニアとの戦いに負けたし、その結果、独立国家共同体にアゼルバイジャンが加盟した。その前は、アゼルバイジャンはトルコの一部になろうとしたわけだが、トルコもまた、テュルク民族と国家の統一ということを要求した時期でもある。

しかしながら、主要な問題は、実際にこの再統合の可能性を阻止したものは、あるいはこの遠心力的な過程やスピードを強めたのは実はロシアであった。ロシア自身が、国家としての主体性というものを失い、そしてこの時期、権力を強化することに失敗し、つまり、見える国家なり、政治制度なり、軍事的な構造なり、政治的な階級なりが統一して、包括的なほかの共和国への政策を持つことができなかったことである。

この時期、実際すべての権力をにぎり、イデオロギーを支配していたのは反国家的、反帝国的、そういう「民主派」勢力であった。つまりこの時期、ウズベク人やカザフ人それぞれが破壊したのではなく、ロシア人こそがロシアを破壊したということになる。経済特権を持った、財政的資源を握った、メディアを握った、そういう政治的階級は、もっとも一貫して再統合、権力の統一、ロシアの影響力をこれらの地域で確保することに反対した勢力である。

この結果として、重要な変化が生じた。まずなによりもこれらの各共和国において重要な変化が生じた。なぜなら、彼らはロシアから実質的なものを何も得ることがない、とわかったからだ。ロシアはそういう意味で、恩恵国であることをやめ、恐れでもあることをやめたわけである。つまり、ロシアは彼らにとって魅力のないものであった。そして経済的にもそれ自身が破綻し、つまり国自身がＩＭＦに従属し、国際機関に従属し、西側の国々に従属し、多くの違った種類の課題に、対外的にも対内的にも非常に攻撃されやすくなっていたということである。

そしてまたこの時期は、西側諸国が、ソビエト連邦はもうなくなった、心理的にもそろそろこういう新しい現実に対応して態度をとるべきだと決めた時期でもある。もし九〇年〜九一年とはいわなくとも、九二〜九三年に必要十分な条件があれば、もしソ連邦が復帰するという可能性があれば、東欧からは脱退し、それ以上の戦略バランスを変えないというそういう必要十分条件があったわけである。そうだったとしたら、そこでは西側の影響からは自由な空間というものがあったであろう。わたしはそこでは旧ソ連邦の地域を問題にしたのではない。一九九四年から一九九五年にかけて、とくに一九九四年末までに、西側の人々はロシアとのセレモニーは必要ないと、ロシアは弱くて完全に従属していると、決めるようになった。そしてこの現実を固定する必要があった。これがNATOの拡大であり、NATOの東欧への関与である。そして彼らはロシアの支配している空間、つまりポスト・ソ連の空間ですら、この点は論争的であるとすら理解するようになった。

このことは、筆者が一九九二年の二度目の日本旅行から帰ったとき、すっかり明らかになった。わたしはそのとき、ロシアの近い外国における外交政策という、のちにロシア版モンロー・ドクトリンだとか、ミグラニャン・モンロー・ドクトリンといわれるような形式をきめた。それは一九九二年八月であったが、筆者が日本からもどった直後である。そこでは、ポスト・ソ連の空間というものが、すべてロシアのバイタルな利害を持つ空間であり、どのような第三の国もこれらの共和国を支配してはいけないというふうに定式化した。

その時筆者は、ウクライナやベラルーシやコーカサス地方の共和国が復帰することは容易であり、それにはカザフスタンや中央アジアも復帰することは容易であると考えた。つまり、これらがある種の超国家的な構造に統合する必要はなく、ロシアが存在し、ロシアが影響力を行使する、そういう地域になるだろう、つまりほかの支配のない国だろうと思ったわけである。ほかの国は存在しても、影響力を行使するものではないし、その支配権の外にあると考えたわけである。九二年はそういう短期的にも権力を統合し、この種の政策を実行し、そして西側であろうと、東であろうと、すべてのパートナーが、旧ソ連国境こそ、われわれの境界であるということを、理解させようとしたのだ。われわれがルールをセットするのであって、われわれのルールを理解し、このルールに従うべきだというふうに、考えた。

しかしながら、九四年ごろ、とくに九五年だが、西側の人々は、これらの地域もまた論争的な地域であると理解した。ロシアは旧ソ連の遺産というものが論争的になっただけでなく、ロシアが一種の一九世紀はじめか、なかばのオスマン帝国のように、主要な欧米権力というものがオスマン帝国の遺産を争ったような、そういう状況になったと私はその時書いたわけである。

そしていまや、旧ソ連地域だけでなく、ロシアそのものもまた、この闘争と対立の客体になりつつある。それゆえ、九五年にはいってふたたび新しい遠心力の傾向の時期に入った、そしてこの遠心力の時期というものが長期的なトレンドであり、このことは旧共和国でも理解されており、そして国際社会全体も理解していると考えたのである。

そしてここから二つの傾向とでもいうべきものがあるわけである。第一は、なによりも西側の人々がソ連の遺産をめぐって闘争している、ということである。これこそブレジンスキー氏が一九九四年に、旧ソ連地域での地政学的な多元主義という理論的な枠組みを決めたものの実現なのである。そして、これこそが、西半球だけがアメリカのバイタルな利害を有する地域であるわけでなく、極東や中東がアメリカの死活的な利害があるわけでなく、旧ソ連地域もまた、アメリカにとっての死活的な利害にからむ地域だということになった。カスピ海は、二つの重要な地域にまたがり、そして中央アジア、トランス・コーカサス、ウクライナを結びつける超越的な地域となり、そしてここでの死活的な利害というものはアメリカが握る、ということになる。

この西側の第二の重要な転機というものは、ロシアが関与しない新しい力のセンターというものがあらわれることを促進することであった。その結果として、われわれはCISそのものではなく、ほかの組織がもっと急速に成功裡に発達しているのを見るわけである。ここでわれわれは、中央アジア同盟というのをも考えることができる。三つの共和国が地域レベルで経済協力をしているのである。

わたしはここでは地域全体の長期的な内政問題のついては触れないようにしよう。残念なことにこの組織については誰も言っていないわけであるけれども、こういった組織は地域レベルの強力な組織であり、モスクワからは独立した組織として自己を固定しようとしている。もちろんタシケントとアルマータの間には、対立がある。もちろんウズベクは人口が多く、またキルギスやカザフスタンにおける人口的な膨張の拡大の可能性がある。そしてトルクメニスタンでは、地域的な脅威というのもがある。なぜなら、それがこの地域全体の超越的なパワーとなり、地域的な帝国の中心となる可能性があるからである。そしてタジキスタンにおいては深刻な影響がでており、タジキスタンの半分の人口はウズベク人であるし、南キルギスのほとんどがウズベク人居住地域である。トルクメニスタンにもウズベク人はたくさんいるし、もちろんカザフスタンはだれにでもひらかれた非常に人口の乏しい地域になっている。こういったものをすべてさしおいたとしても、地域的な協力が、少なくとも経済的には、CISの枠の外で独自に成功的に行なわれている。これら中央アジアの四つか五つの国々から関税同盟を作り、ロシアの加盟したものとは全く別個に事態が推移しているわけである。このことと並んで、CISの内部にロシアが参加しないで新しい構造が生まれてきた。そしてそれはロシアに批判的な思考を持つグループである。これは今、グアム（GUAM）諸国と呼ばれていて、グルジア、ウクライナ、アゼルバイジャン、モルドワの頭文字をとってグアム諸国といっている。これは、西側が反ロシア的な権力の中心を作ろうという、もうひとつの試みである。しかもこれは、単に政治的にだけではなく、同時にたいへん強力な経済的な意図をもっている。つまりカスピ海で原油を精製し、グルジア、アゼルバイジャンを通ってウクライナやモルドワに持っていき、そしてロシアを経過しないことによって孤立させるという意図がある。このことはロシアというものを、いわばユーラシア大陸の北東部におしやってしまう効果を持つわけである。

Trasecaと呼ばれるもうひとつの重要な国際的なプロジェクトは、古いシルクロード、ロシアを経由しない通信回路を作ろうというものである。そういう意味で、ロシアは今、てこを失いつつあり、その旧ソ連地域で存在するということが無理になり、そして決定的な力でなくなるということである。いまや、ブレジンスキー氏の脅しというものが、旧ソ連地域全体で全速力で実施されつつあり、そしてこれらの石油会社や石油資源の契約が、カスピ海での脅威となり、その西側諸国の主要な企業が参加している。

わたしの報告はこのカスピ海計画、パイプライン計画の地政学的な側面について触れてみた。これは西側諸国やその企業も全く経済的な関与とばかりはいいきれない。それは同時に、地域への重要な地勢学的な関与を意味する。そしてこれはロシアを孤立化させる最も近道であり、ロシアにとってセンシティブな地域になるわけである。これはロシアが背後からあらわれる近道である。つまりカスピ海をロシアの内海から国際的な公海にするわけで、このことによってロシアの最もバイタルな死活的な場所である。ボルガ川に、アクセス可能となる。これはロシアを事実上二つに分けることにほかならない。これらボルガ川のムスリム的な共和国を通じて、つまりこの盆地を中央アジアとカスピ海とのコミュニケーションの場所を、西側から圧力をかける場所として、NATOの拡大を通じて、同時にロシアに対して封じ込める力となることができる。これは単にロシアを囲い込む可能性があるだけでなく、同時にイランを一方でペルシャ側から、他方でカスピ海側から囲い込む形になる。これは地政学的な意味での地質構造上のシフトの基礎であり、これから数世紀にわたってロシアを押さえつけ、分断化することになる。

現在の状況では、不幸なことにロシアは悪化の一途をたどっている。全く誠実な意図が感じられない。恐るべき貧弱化した軍隊の構造というものは、チェチェン戦争であきらかにされた。大変道徳は低い状況だし、その国を復活させる決意というものがまだ低いわけである。全く国際的に従属しているわけである。ほとんど国の主権というものが欠けている。ロシアの一九九九年の予算は、ロシアが今年払わなければいけない利子よりも少ない。その利子だけでも九九年に少なくとも二二〇億ドル払わなければいけないが、ロシアの予算はといえば二〇〇億ドル以下ということになる。そして、これらはマクロ経済の元で勘定されているのだが、それはほとんど無意味になっている。ロシアがこれらのウクライナやカスピ海やほかの場所での傾向に、どうやって抵抗できようか。まずロシアは、これらの地域を統合する力がない。ロシアは自分自身の国家としての生存が疑われているのであり、ロシア自身がロシア連邦への統制力を失っているのである。ロシアはまた、今度のイラク事件のあとで明らかにされたように、ロシアは従属的になっており、セルビアではロシアは国際的な舞台での主要な役目をやめている。それは国際政治の主体ではない。客体となっているのである。しかしここでも問題はロシアが独立するとなるのか、つまり主体になるかどうかということである。主体であるためには、自分自身の権力を確立しなければならない。今日、この権力の確立というものは、ただ反アメリカ、反西欧的なベースによってしかできない。ただ民族主義者だけが権力を確立することができよう。ほかのタイプの権力確立というものは、支持による民主的な統合か、とくにアメリカによる民主的な統合である。その場合は、彼らはロシアを主体とするのか、あるいはどのようなレベルの主体であるかを決めなければいけない。この場合、かれら自身が問題を決めなければいけない、どのような権力を極東でもつべきなのか、ロシアが参加すべきなのか、除外すべきなのか、ということである。バランスを中東で持つべきなのか、ロシアを参加させるべきなのか、除外すべきなのか、ヨーロッパでどのようなバランスであるべきか、決めなければならない。これは西側の人々のグローバルな問題ということである。彼らはまだこの問題を出していないし、結論も出していない。彼らの無気力から今のところ、ロシアやポスト・ソ連の空間での状況を悪化させているだけである。この意味では結論的にいうことになるけれども、消極的にならざるをえないわけである。独立国家共同体というものが働けるような仕組みではなく、それは堅固でもなく、核心もないからである。ロシアは中心ではないし、ロシア自身が固まる必要があるわけだ。これがなくては地域は固まらないであろう。西側の人々がこの地域を統合する可能性はあるだろうか。彼らは現在、この問題で何をやっているのか理解していないし、そういうことの余力も力もないのである。この急速な改革、自由放任主義の急進的なリベラル改革、ロシアにおける国家と社会のコンセプトというのは、西側にとってもまた大きな敗北となるわけである。彼ら自身の主観的な目標で独立というものをロシアから望もうとしたわけであるが、これはうまくいっていない。したがって民族主義的なロシアの統合というものがあるかもしれないし、それがロシアにとってのロシアを救う道の可能性となるかもしれない。

この意味では、ロシアで新しい要素が現われている。エスニックな次元ということになるけれども、これは皮肉にもロシアの急進改革派、あるいは民族主義指導者によって現われた傾向だが、これは共産主義者たちが反ユダヤ主義だということによって民族主義的な問題を広げ、民族主義的な次元を公言することによって生じたわけである。次の選挙では擬似民族主義的な政党、擬似民族主義的なリーダー、ユダヤ人であったジリノフスキー氏はロシアから消え去りつつある。そしてそれは新しい民族主義的な再生の現われとなっている。

コメント――サルキソフ氏（法政大学客員教授）

アジア・太平洋地域における国際関係と、日交関係の専門家として、常識の立場に立って、基本的な問題に関して、意見を述べたい。

まずＣＩＳのことだが、ＣＩＳという存在はあまり本格的ではない。できてからＣＩＳの活動を見ても、本格的な道を歩んで、機能的にもっとハイレベルな機関になってしまうというきざしもあまりない。

こういう意味でCISは、ソ連崩壊後に旧ソ連の空間に一定の共同体をつくろうという、ある意味では感情的な動きであった。つまり、バルト三国を除けば、あとの旧ソ連共和国はソ連時代に必ずしも損をしたばかりではない。ウズベキスタンの人は、自国はソ連期は植民地であったというが、私に言わせると、ミグラニャン説にわりと同感している。旧ソ連というのは帝国であったが、非常に特殊的な帝国であった。つまり古典的な帝国ではない。中心、つまりメトロポーリと、植民地との関係はわりと特殊であった。

私はアルメニア人で、このあいだもアルメニアに行ってきたが、アルメニアでは今、ソ連時代はよかったといっている。高い建物からエレバンという市街の様子を見たら、ソ連時代に建て直された部分とか、もう間に合わなくて、ソ連崩壊後そのままぼろぼろとなっている地区だとか、それがはっきり出ている。アルメニア共和国はソ連時代に、自分でも努力したけれども、ソ連予算から金をもらって、いろいろプラスの面があったわけである。

だからソ連型の国家に戻らなければならない、というのが私のポイントではない。また、それは実際には不可能である。あの時代が過ぎてしまったということは、旧ソ連の共和国とかロシアでもわかっている。問題は、過去を復興させるということではなく、これからどうすればいいのか、ということである。

求心力と遠心力の割合というが、CISの将来について何が大事であるのか。過去のソ連というのはどういうタイプの帝国であったのか。

問題はそうではなくて、CISの要というが、これから統合させるために何が必要であるのか。そのエレメントが働くか働かないか。統合というのは役に立たないのか。何か要《かなめ》と言うが、要《かなめ》が見つかったら、感情的なことは忘れ、お互いに協力する、協力の体制をつくる気になる。だから、いま問題は、CISを統合させるために何がいちばん大事であるか、その余裕があるかどうか、また、ロシアはどういう役割を果たすべきかということである。

常識的に考えれば三つの側面がある。それは経済的、政治的、文化、心理的な側面である。

ロシアのCISに対する経済面の政策も非常に狭い視野だったけれども、ソ連崩壊後にロシアもCISとの関係から解放された。CISとの関係は負担である。解放するとロシアの経済はもっと発展できるのではないか。ソ連時代にも、ミグラニャン氏の発言にもあったわけだが、ロシアは共和国にいろいろ投資をする。ロシアの部分をあまりにも無視したり、周辺にある、とくに中央アジアというか、コーカサス地帯の共和国に特別に配慮していた。だから、ロシア国民さえ犠牲者であった。ロシアはソ連崩壊を自分の解放としてみなしていたわけである。

ただ、その政策は、他の政治的、文化、心理的な側面を考慮に入れれば、あまり賢明ではない。経済主義というが、今は市場経済だけれども、CISとの関係は経済の意味であまり有利ではないかもしれない。ただ、他の面から見れば、ロシアの将来にとって重要だから、CISに対する特別の政策をとらなければならなかったと私は考える。

CISのほうから見れば、ロシアとの距離を保つ。とくにウクライナには非常に顕著である。いわゆる旧ソ連共和国の新しいナショナリズムの側面は二つあると思える。一つは、非常に理解できる側面、つまり、ソ連時代に自分のアイデンティティを失いつつあった。独立して、自分のアイデンティティを追求するためになるべくロシアと距離を保つ。そうしないとロシアは圧倒的に強い、文化的にも、経済的にも、政治的にも強いので、ロシア化されるのではないかという可能性がある。緊密な関係を保つことで自分のアイデンティティを失ってしまうのではという恐れがあって、これは理解できる。

ただ、他面ではナショナリズム、反ロシア主義があった。それは潜在的にソ連時代にもあったし、革命以前にもあったわけだが、それは完全に反ロシア的、完全に破壊的に、非健全な力だった。これにもロシアの国家の力を持って対抗すべきだった。

問題は、ロシア政府として、その二つをあまりはっきりさせることはできなかった。だから、政治家の発言とか、政府当局の発言とか、非常に刺激するものもたくさんあったので、ロシアのCISに対する政治的な路線も必ずしも成功していない。

第三の側面は、文化、心理学的な側面である。たとえば私もミグラニャン氏もアルメニア人だけれども、文化的にはロシア人である。そうすると旧ソ連共和国に、文化的にはソ連人とか、ロシア中心であったけれども、文化的には蓄積されていた、また、われわれの教育を含めて、一種の宝でもある。これはまだ一世代にわたって効用があると思える。つまり、ウズベキスタンにしても、カザフスタンにしても、ロシア文化に対するあこがれとか、親しみの感じとかは非常に大事な要素である。

ただ、新世代はロシア語をあまり話さないか、話せない。したがって時間がたてばたつほど消えてしまう。けれども、それは非常に貴重な宝であろうから、利用しなければならない。こういう意味でロシアはもっと賢明な政策をとらなければならない。

旧ソ連共和国のアイデンティティをまず尊敬し、その共和国に対してあまりにもナショナル・プライドを刺激するような発言をしない。逆に、それは非常に大事であるということを主張しながら、そのファクターを慎重かつ賢明に利用しなければならない。

結論的には、CISの将来というのは、まず各国の主権を尊重しながら、統合のプロセスに前進する。たとえばウズベキスタンとか、カザフスタンはアメリカとかトルコとの関係を発展しているということを、ミグラニャン氏はすごく気にするそうだ。地政学的なことは大事であるが、ただ、これを克服するためには一つの道しかない。それはその国との関係を発展させることである。発展させるだけではなくて、その国のナショナル・プライドというか、アンデンティティを尊敬しなければならない。また、彼らの主権を尊敬しなければならない。彼らの選択の自由を尊敬しなければならないということである。そうしないとあまり効果がないどころか、逆効果があるのではないか。

国家非常事態委員会が一九九一年の八月クーデターをおこし、ゴルバチョフ大統領がだめになったときに、旧ソ連の各共和国は驚愕した。臆病になった。また、ソ連邦は救われたのではないかという気があった。ただ、国家非常事態委員会は二日間しか続かなかった。つまり、ロシアは統合を維持するために前の力のファクターを利用できない。もうロシアも変わった。だから、新しいファクター、要素を見つけなければならない。これが結論である。

III　ロシアの未来

第9章　ロシアに未来はあるか？

一九八四年はジョージ・オーウェルの年であると、すべての知識人世界では熱狂的に宣言された。当時、この天才的な英国の作家・予言者の熱烈な崇拝者は、二〇世紀は八〇年代前半のオーウェル的ビジョンが妥当であることをわれわれの現実から証明しようと、躍起になっていた。他方、それにもまして熱烈なオーウェルの予言にたいする批判派は、精根尽くしてこれを論破しようとしていた。

つづく一九八五年はアレクシス・トクヴィルの年であると、多くの著名な政治学者たちが提案した。この年は、偉大なフランスの社会哲学者がアメリカの資料を用いつつ、あらゆる利点や矛盾をもった民主主義の姿を捉え、描き出そうとした著書『アメリカの民主主義』の出版からちょうど一五〇年にあたるからであった。このような提案の背後には、トクヴィル祝賀会を利用しながら、現代民主主義が彼によって見いだされ、描き出されたものから、どの程度、そしてどの方向へ逸れたのかを解明しようといった願望があった。

これらのことのために、最初の哲学書簡から一五〇周年となることを記念して、一九八六年をチャアダーエフの年として宣言するという大きなチャンスを、ロシア人は逃してしまったように思われる。けれどもチャアダーエフは、ロシアの哲学思想史においてユニークな位置を占めている。ゲルツェンの言葉によれば、ロシアの知識人が、単に一世代にとどまらず、みずからの立場を規定することになったロシアの知性の歴史が、本質的にはこの書簡から始まったからである。

この書簡では、ロシア民族の気質、歴史、文化、宿命、使命についての非常に大胆で、時には逆説的な評価と判断とが述べられている。それゆえ、彼の理念的遺産を広く討議することは、偉大なロシアの思想家が描写していた姿から、ロシアがどの程度、そしてどの方向へと逸れているのかを解明するには非常に有益だったのではないだろうか。

わが国にとっての転機であるこの一九八六年は、残念なことに、チャアダーエフの年としては宣言されなかった。ロシアには歴史的記憶が欠如していると彼はみなしていたが、このロシア文化の特殊性についての彼の主要な結論を確認する結果となりうるのである。であるから、ロシアがみずからの天才的な息子たちの理念と思想とに空虚な賛美や祝典セレモニーをおくるのではなく、それらの理念への深い理解、あるいは彼らの不気味な警告を将来にわたり考慮することで、呼応することを期待するのである。

わが国ではじまったペレストロイカというのは、チャアダーエフに対する一種の遅ればせながらの回答だと信じたい。つまり愛国者であり、人民と国とを深く愛し、その運命を案じ、予想される破門をも恐れなかったチャアダーエフによって、ロシアの過去と未来の支配者に投げかけられた一種の挑戦に対する回答である。民族の歴史と文化、政治的、および経済的体制についての若干の特殊性に、彼は権力と世論の注意を向けさせた。チャアダーエフによれば、ロシアは、断固とした改革なくしては、現在のあらゆることに、たえず重みを増してゆく過去の解きがたい問題という荷物の負担がかかるだけなのだ。つまり将来性のない生命であることを運命づけられている。

ロシアの権力と知識人とが、チャアダーエフの理念を綿密な分析対象としてこなかったことは残念としかいいようがない。わが国で行なわれているペレストロイカは、いかなる立脚点から運動を開始し、いかなる目的へわれわれが歩んでゆくのかを確定するためにも、明瞭な目標を必要としているからだ。

筆者は、一五〇年前にチャアダーエフによって提起された問題に関する対話の端緒、チャアダーエフに対する、ロシアの知識人によるせめてもの罪滅ぼしの試みのようなものとして、この仕事を位置付けたいと考えている。

ロシアには未来はない。このようにチャアダーエフが判決を下してから一五〇年以上が過ぎた。だがその間、いったい何が起こったのかを評価するためにも、ロシアが辿ってきた道に目を向けようではないか。みずからの予言の中にはなかったブルータスやペリクレスははたして正しかったのだろうか？何が変わったのだろうか？　当時から、どれほど遠くに、そしてどこへとやってきたのだろうか？

チャアダーエフの書簡に対しては、ゲルツェンが呼応した。もしロシアに農奴制がさらに将来にわたり存続するとしたら、われわれは野蛮人の軍団としてヨーロッパに押し入り、すべてを踏みにじり、すべてを撃滅し、みずからもこの絶望的行動の中で破滅することですべては終わろう、と彼は語っていた。

チャアダーエフが鋭い形で取り上げた問題に、今答えようとすることは興味深いことではないだろうか？　われわれは民族的特徴を獲得したのだろうか？　以前のように、毎日の生活を白紙の状態から始めているのでないだろうか？　歴史的記憶はうまれたのだろうか？　他者の文化や科学、技術の成果を機械的に移植するだけのことが続いていないだろうか。それとも科学や文化の価値を内在化するというプロセス、民族的特徴をもったものを「苦節を重ねた末に獲得する」といったつらいプロセスが進んでいるのだろうか？　従来どおりロシアの心には、ドストエフスキーやベルジャーエフらがみなしたように二つの両極端、つまり神性と野性のようなものからなっているのだろうか？　それとも、存在している二つの両極端の間に第三の極、文化の中に確固と固定されたような普遍的、全人類的価値の中心が現われているのだろうか？　ロシアの精神と文化の中で、両極の間の闘争が今もって続いているのだろうか？　奴隷制はその中で克服されたのだろうか。それとも、自身の奴隷制の鎖をさらに重くするような周囲の人々の隷属化が続いているのだろうか？　みずからの目に明らかにされる前に、われわれは鏡を恐れることなく見ているだろうか？　みずからの醜態を見て、われわれは何か被虐的な喜びや歪んだ快感を感じてはいないだろうか、あるいはゴルゴンのメドゥーサを前にしたように、そのままの格好で石化しているのだろうか？　メドゥーサを撃滅するペルセウスの楯を信じているのだろうか、それともみずからがすでにメドゥーサに変わってしまっているのだろうか？

チャアダーエフの哲学書簡の後、ロシアの思索する人々は各世代とも、ロシアの運命、宿命と結びついたこれらのつらい問題にみずからの回答を与えようと努めていた。

もちろん、チャアダーエフの労作中に列挙されたすべての問題や他の多くの問題に、網羅的な回答をすることはおそらく無理だろう。筆者もまた、そのような課題を立てているわけではない。だがそれにしても、チャアダーエフによって提起されたように、ロシアに未来はあるのか。(もしないのならば、それはどういう意味で、またなぜ、まさにロシアはこうなのか。)こういう基本的問題に関して論じながら、ついでにロシア史にかんする過去、現在、そして未来の決定的瞬間と結びついた上記の問題や他の多くの問題に対して答えてみたいと思う。

一

ロシアに未来はない、とチャアダーエフは断定した。だが、それではいかなる場合であれば、ロシアに未来はありうるのか。この問いは、たとえ概略的にではあっても、定式化の必要はあるだろうか。この二〇世紀末の時点でこの点を理解する必要があるだろう。

彼は限りなく自国を愛した。奴隷根性、高慢、奴隷制、専制政治が支配していた当時、祖国の歴史の中でブルータスかペリクレスの役を演ずることができ、レヴァショフ家の離れで心を痛めることもかれにはできた。彼にとっては、これがどれほど重苦しいものであったかを、われわれは人間的に理解する。この知性、名誉、気高さ、才能は、得意気で、固有の奴隷根性と専横で有頂天になったような官吏や高官によって追放された。そして、ゴーゴリふうの醜男たちが周りにうろついているような人目につかぬ場所に逼塞していた。祖国の状況によって起こされた極限的絶望や、あらゆる展望が欠けていたことが、チャアダーエフのあのような暗い予言の源泉となりえたのである。

チャアダーエフの意見にてらして、ロシアを未来の奪われた国にした諸要素を手短ではあれ、取り上げてみよう。その際、チャアダーエフふうのやり方にはこだわらないで、彼の理念に基づいて、この賢明で勇敢な人が絶望した原因となった諸要素を定式化してみたい。

第一に、ロシアと他のヨーロッパ諸国との最も主要な相違点は、非常に醜悪な現象を伴った奴隷制の維持ということである。チャアダーエフは、ロシアは封建主義の段階を素通りし、そして農奴制は奴隷制の変種であるとの意見を守っていた。この奴隷制とは、農奴制以外にも及んでいた。チャアダーエフは次のように書いている。

ロシアの諸公が、かなりの大金で国有地を宮廷農民に分け与えるのをやめた時からまだ半世紀も経っていない。自由な人々のまぎれもない移住民を今日でも明日にでも奴隷に変えることのできる権力の統治下で、いったいどのようにして、公正や権利、なんらかの法秩序といった、もっとも基本的概念が形成されるというのか？　われわれの中に現われた自由主義的な君主や、われわれが愛を捧げる寛大な勝利者のおかげで、ロシアにはまだ国民にとって最も有害な現象形態、国民の社会的意識を曲解するような専制権力を不快に悪用することはなされてはいない。しかしわが国に奴隷制が造られた時のそのままの形で奴隷制が存在すること自体が、すでに、社会の中で皆を憂鬱にさせ、尊厳を汚し、堕落させつづけている。奴隷制の非常に不幸な影響から誰も逃れることはできないのだ。何よりも君主自身が全くできないのである。揺りかごの時分から彼は、奴隷と同類か、あるいはその父親がまさに奴隷であったような人々に取り囲まれている。そして奴隷制の息づかいが、いつでも彼の本質にまでしみこんでいる。ましてみずからは離れていると自身で考えている以上に、意識内部にも影響している。奴隷制という耐えがたい苦しみを負っている不幸な、窮境に陥った住民のこの部分にだけ、奴隷制の影響が広がっていると思うとしたら大きな誤解なのである。つまり、全く反対に、奴隷制によって利益を引き出している階級に、奴隷制がどう影響しているかを研究しなければならないのだ。主として禁欲的な、みずからの信仰のおかげで、より良き自分の未来や、生活の保証が何もないことをあまり嘆かないような人種の気質のおかげで、そして最終的には、往々にして奴隷をその主人から分けている距離のおかげで、ロシアの農奴は同情に値する。それは考えられもしないようなレベルのものである。その上彼らの現在の状態は、過去の状態の当然の結果として、同一である。奴隷制へと変えたのは征服者の暴力によってではなく、奴隷制の内的な活動、宗教的感覚、気質の奥底において明らかになるような物事の自然な成り行きの結果である。

　あなた方は証拠を必要としているのか？　ロシアでの自由な人間を見ていただきたい！　彼らと農奴との間にはいかなる外見上の差異もない。自由人のなかの心配そうな、不安そうな見かけよりも、むしろ奴隷になかに尊厳のある、冷静な何かがあるのを見つけさえする。ロシアの奴隷と他の国々に存在していた、あるいはまた存在している奴隷との間には、実は何の共通点もない（強調＝ミグラニャン）。

われわれが知っている古代の奴隷制の姿、あるいはアメリカ合衆国において見られるような姿での奴隷制は、この不快極まりない制度が招く当然の結果、つまり奴隷の惨状や奴隷所有者の放蕩といったことだけがあった。ところがロシアにおける奴隷制の影響は、比較にはならぬほど広汎なものなのである。

この国には、法治国家、個人の自由、あらゆる外的強制から市民（個人）を守る個人の権利が不可欠な存在だという理解が欠けていた。したがって、圧倒的住民が隷属していることや、階級や身分には関係なく、あらゆる個人にとって個人としての自由や市民の権利が欠如していたということが、ロシアの未来に対してこのように陰鬱なる見方をもたらす要因としてあてはまる。この分野においては、ロシアでは重大な変化は決して起こらない、とチャアダーエフには思われた。自由な個人や法によって保護される自律した個人の領域がないからこそ、ロシアには独自の発展があるというスラヴ派の理念と、彼の予言とはまったく離れていた。

このように、あるものは奴隷制について嘆いていた。またあるものはこの奴隷制からロシアの特別な運命、歴史、使命、宿命を導き出そうとしていた。スラヴ派の人々が、ロシアの未来を見いだしていたまさにそのことが、チャアダーエフにとっては、ロシアに未来がないことの理由であった。あまりに逆説的な状況がロシアには早くもできあがった。つまり、一方では、巨大な軍事力を持った壮大な帝国、他方では、ごくわずかな金持ちと教養人しかもたないヨーロッパの文化的な周縁、である。

一九世紀全体が一部の国民だけが自己の運命と定めについて考えたような病的な思索の中で、過ぎていった。イギリス人やフランス人だったらみずからの運命と定めに関して、絶えざる内省に煩わされはしない。中世初期の輝かしい歴史、ヨーロッパ文明の文化的、政治的生成への貢献が、民族的意味での十分な価値と自己充足の感覚を彼らに与えていた。

何か新しい、他のものへの吸引力、また他者や異なるものへの開放性がロシア人にはある。ロシア人は、ローマやパリ、ロンドンが、たとえそれらが実際には存在すらしなかったとしても、それらについて考えついたであろうと、ドストエフスキーは言った。わたしに言わせればこれは正しくなかった。ロシアでは、民衆が自分自身の生から完全に疎外されており、自分の直接の環境や運命に影響を及ぼすことはどうしても不可能だという自覚が、あまりにも早くからまた非常に深く現われていた。こうしたことに由来する克服しがたい願望、それは現実に存在していることから、どのような方法によってでも逃げだしたいという願望である。

結果として、今ここにある生の価値が欠けていることを、他の諸国民の諸問題に関与することで埋め合わせようという熱情的な願望や、本当の生がどこか別の場所、別の国においてなされるという感覚が生じる。私には、ドストエフスキーではなく、ロシアの別の作家、たとえばアンドレイ・ビトフのほうが正しかったように思える。かれは非常に正確にも、ピサの斜塔の運命をたえず心配しているのは、ただわれわれだけだ、これこそロシア的な現象なのだと看破していた。

この千年の間、民族的精神を表現したり確認したりする支配的な形式とは、征服、恫喝、隷属化であった。このような状況のため、ロシアのインテリゲンチャには奴隷解放、誇り、尊厳さが与えられなかった。外部での勝利のいずれもが、ロシアにとっては国内での痛ましい敗北、不自由の増大へと姿を変えた。民族的な自己確認とは地政学的な膨張という方法によってのみ達成された。このようなロシア的な自己確認のやり方は何も独特なものではない。ローマの精神も同様に新たな領域を征服しつつ、みずからを表現していた。だがそれらの領域の背後には気高きギリシア文化があった。ローマ人は、それをわがものとし、いたる所でそれを広めることを引き受けたのであった。

しかしロシアの精神は、拡大を実現しながら、社会の政治的組織化の民族的な形態、すなわち専制政治を広めていった。絶対主義の理想を見つけようとしてロシアを訪れたド・キュスティーヌ伯爵を襲った恐怖とは、ロシア国民の前代未聞の抑圧によって呼び起こされたものであった。理性なき恐怖を体験して、これほどまでに国民が隷属させられるのは、至高の神による何か超自然的な目的なくしてはできないことだと、彼は推測した。みずからを奴隷として売りながら、世界の残りの全国民を隷属させる可能性を得ているロシア人とは、神とのなんらかの合意を持っているようだと、彼には思われた。

第二に、チャアダーエフは、自由な市民の結社や組合、すなわち制度化された市民社会をロシアでは見いだせなかった。他のヨーロッパの諸国家と比較すると、怪物のような格好のロシアは、身も心も圧倒するような国家体制でもって際立っていた。国家がすべてであった。良心でも（ピョートルは教会を国家機関の一つに転換させた）、個人でも、社会でも、ツァーリも、奴隷も、である。ツァーリ個人支配に体現された国家の中で、あらゆる宗教的、世俗的問題は自分なりの解答を見つけていた。ドイツの哲学者たちは、みずからの学説の中で国家を神格化した。このことは、ビスマルクまでドイツはヨーロッパの突端であったということから説明される。ドイツ人は、特にナポレオンによって辱められた後になって、ドイツの精神と野望とを表現できるように統一された、強力な、中央集権化された国家を夢見た。

反対にロシアにおいては、恐ろしい神としての国家は、日常の現実であった。ロシアすべての歴史のなかで、個人、社会と国家とが不可分であることは揺るぎなき規範とみなされていた。大体においてこのことは、人類史の黎明期におけるすべての原始的共同体、また同様にあれこれの変種をもった古代ギリシア・ローマの文化世界や中世には固有のことであった。だがヨーロッパにおいては、国家は、チャアダーエフの時代までに、自由な市民からなる制度化された市民社会のコントロールのもとに次々と置かれていった。このように、制度化された市民社会が存在しないことと、個人・社会と国家との有機的一体性とが分かちがたいことが、あのように陰鬱な予言をもたらした第二の要素である。またこの点でチャアダーエフには、未来になんらかの希望がもてるような変化が生じうることの確信はなかった。

第三に、自由な個人と制度化された市民社会が存在しないために、官僚制による支配、この恐ろしいリヴァイアサンに、最高度の権力が一手に集中することとなったのである。このようにして権力は、社会のすべての健全な勢力を積極的な政治、社会活動から切り離し、国家の役人は、現状維持にのみ関心を持つことになっていたのである。そしてこのことは、奴隷と奴隷所有者とが不可分な社会には、あらゆるダイナミックな原則がありえないことからも明らかであった。現状維持と自身そのものの再生産のためだけなら、ダイナミズムも発展も必要はない。そのため、ロシア社会で最も教養があり、活動的で実業的な部分を代表した多くの人々は、ヨーロッパ行きの許可を得て自国から離れるか、あるいは国に残りながら、後にも先にもこれきりの機構の中では身の置き所もなく、自分のために無意味な破滅を捜し求めていた。このような状況からして、思考する人々は現行システムに対する恍惚状態での全面賛美となる。そうでない場合は、反対に、自虐、全面否定へと導いていった。その際、みずからの祖国に対する正常で、インテリゲンチャらしい、客観的な態度は、住民の教養ある部分の多数からはなくなった。いきおいあらゆる指標からして極端な位置を占めることになった。こうして、全能の官僚支配、政治的、社会文化的生活の完全な静止状態、現状維持指向、最も才能をもった進歩的考え方の人々の積極的な社会生活からの隔絶、が生まれた。ロシアは未来を持たない、という結論の根拠をチャアダーエフに与えた。

第四に、チャアダーエフにとってロシアの歴史と文化や、みずからの、そして世界的な歴史と文化の脈絡におけるロシア民族の自己同一化といった諸問題が、最も重要な意味を持っていた。私がまた立ちかえることになるシュペングラーの歴史的仮象現象(1)よりもずいぶん前に、ロシア文化と歴史の発展のある特性をチャアダーエフは把握していた。

チャアダーエフは次のように書いている。「ロシアについて、ロシアはヨーロッパにも、アジアにも属さない、これは独特の世界なのだといわれている。そうであってほしいものだ。しかし、『西』と『東』という言葉によって規定されている二面性の他に、まだ第三の面もまた人類にはあるのだということを証明せねばならない」。

この警句と第一哲学書簡とにおいて、ロシアを東か西とかに分類してしまうことはできないというチャアダーエフの理念が明瞭に表わされている。だが同時に、ロシアはそれ自体として完全な一体世界でもない。彼のロシアについての理解からは、ロシア史の仮象性からして、ロシアはその境界を決して越えることのできない生と文化の本質的性質となったという結論を引き出すことができる。

発達した政治的文化的制度が存在しないロシアでは、キリスト教信仰を通じて、文明世界の歴史的、文化的プロセスに遅れて合流してきた。だがチャアダーエフが指摘したところでは、それらに対する批判的理解も、そうすることによる内在化することなしに、異質な精神の、出来合いの雛型をロシアの土壌へと移植したにすぎないのであった。政治的、経済的、宗教的、文化的制度と価値とは、ロシア民族の本質的な、切り離すことのできない部分とはならなかった。また国民は隣接する諸民族の文化と精神に親しみ、それらを吸収し、統一した世界文化の枠内で創造する可能性も持っていなかった。

歴史全体を通じて、ロシアの上流階級は、国民のためではなく、もっぱら自身の要求のために文化・政治制度を借用していたにすぎない、ということで説明がつく。政治と文化の領域において、異質な精神の出来合いの形式を利用しながら、上流階級は国民の野蛮さと無教養を磐石なままにしておいて、国民にそういった制度と価値を生じさせたまさにその精神へと至る道を覆い隠していたのであった。「賃借」された制度と価値とは、ロシアにおいては不格好で、外国向けのもののようであり、古い本質を上からほんの少しだけ美化しているだけのように映っていた。汚く、木造で、みすぼらしく、赤貧で、無学な国と見比べてみれば、ペテルブルクもまたばかげて見えていたのと同様であった。

各国民（Нация）には二つの民衆と二つの文化とが存在するという、V・I・レーニンにより誤って普遍的な現象とされたこの主張は、実際には極端な形態でのもっぱらロシア的な現象であったにすぎない。このことに関してはA・ブロークが語っていたし、またフェドートフにも興味深い考察を見つけることができる。ピョートル後、統一的なモスクワ文化の分裂以後、西欧文化を内面化するという、長くつらいプロセスが始まった。このことによって、ロシアは文化的には二つの階をわけて生活し始める原因となった。フェドートフも指摘したように、「はっきりとした境界が、西欧文化で生活している薄い上層と、精神的、社会的にもモスクワ大公国のままでいる人民大衆とを隔てていた」。その民衆には農奴としての農民だけでなく、ロシアのすべての商工業関係住民、町民、商人、一定の付帯条件を付けてであるが僧侶もまた、属していた。フェドートフは全く正当にも、ロシアにおける精神の発達で最も重要な特殊性を次のように指摘している。「……あらゆる分化した社会でそうであるような、西欧における階級間の不可避の文化的格差とは異なり、ロシアでの格差は、量的ではなく質的な格差なのであった」。さらにフェドートフは続けている。「一八世紀ロシアにおいて、二つの異なる文化が同居していた。一方は、ビザンチンの野蛮化した遺物を代表し、他方は、ヨーロッパ主義への稚拙な同化である」。そして一八世紀から一九世紀初頭にかけてのロシア社会の悲劇性を表わす、非常に奥深い結論を出している。「貴族と農民の間の階級的不和以上に、インテリゲンチャと国民との間の、まさに最後まで掘り崩されなかった理解の欠如という壁があった」。一九世紀中葉にかけて、ヨーロッパの文化的基礎の上で、ロシア民族の英雄が飛翔をもたらしたような西欧文化を摂取する長く苦しいプロセスがあった。このことを指摘しながらも、彼はチャアダーエフの言葉を実践的に復唱している。「もしロシアがナポレオン戦争の時代に民族として滅びたとしても、世界はロシアを失ったとは知らない」。

フェドートフに立場の近いベルジャーエフも、一つのロシア国民と文化とが二つの国民と文化とに悲劇的に分裂したことを説明している。ベルジャーエフは、スラヴ派の中で、ドストエフスキーとトルストイとを宗教的ナロードニキに分類した。それは、宗教的な真実が人民の中にこそ隠れていると考えたからだ。これに対して、ゲルツェンとバクーニンとは、ナロードニキ・社会主義者へと分類していた。後者は、国民の中にこそ社会的真実が隠れていると確信していた。ベルジャーエフは全く正しい。ナロードニキ主義は、結果としてフェドートフの定義の通り、ロシアのモスクワ文化の統一性が断ち切られることになるピョートル時代の分裂の所産だと指摘する点である。

ロシアの実生活のレジームが非有機的性質をもつとしたら、それはごく少数の特権層と、みずからの生活の全現象がこの層とは縁遠い圧倒的大多数へと、深く引き裂かれた結果だった。ベルジャーエフは、「西欧の国民のどれ一つとして、ロシアの特権層国民のように、はげしい懺悔の動機を経験することはなかった」と指摘している。ベルジャーエフは、「懺悔する貴族」というタイプさえ造り出されたと強調している。「懺悔する貴族」は、個人的な罪業ではなく、みずからの社会的境遇からくる社会的な罪業を自覚し、それを懺悔していた。

あらかじめ断わっておかなければならないのだが、原則として、ロシアの統治者がたとえ望んだとしても、ロシアの土壌へと移植された外国文化のロシア国民への内在化は、歴史的時間の中で表面化しなかったのは事実である。ビザンチンからキリスト教が受容されて以降の歴史上短い断片的な時期が過ぎると、ロシアの歴史と文化、制度、価値には非常に強力な、タタール・モンゴルの痕跡が残された。当面せざるをえなかったすべてのことを吸収することも、そしてタタールからの解放後に自己を認識する間もなしに、ピョートルは、国に精神自体を注入するのではなく、今や異質な精神、他者の文化であるような出来合いの制度や価値をロシアにとり入れたのである。この文化や価値の摂取のプロセスは、大変な困難や難事を伴って進行した。そしてチャアダーエフの書簡が現われる頃には、この文化や価値を基盤として、自国の中では、自分は異邦人なのだと気づくことになる少数の教養層が早くも形成されていた。

少数の教養ある部分と、残りの人民との間に、社会での非常に深い淵が横たわっていた。一九世紀中葉までにロシアでは、同世紀のレベルの教育なら受けたロシア風ヨーロッパ人からなる微々たる中間層が形作られた。だが彼らを支配している奴隷所有者と自己満足に浸った官吏を含めた圧倒的部分の住民とは、今もって奴隷制と虐待の時代の中にいた。チャアダーエフは、まさにこのロシア人民大衆の文明諸国民の精神と文化への参加がまったく表面的でしかないことを暴きだした。つまり、一つのエスニック共同体内で全く異なる二つの縁遠い国民（Нация）が形成され、両者の間に巨大な断絶があることを強調した。また彼は、そうした価値や文化の精神創造や摂取の真のプロセス、つまりロシアの民がそれらを体得し、時がたてば彼ら国民自身が文明諸国民の文化に応分の寄与ができ、ドイツから中国までの広がりをもつロシアが、地理的規模や軍事力以外のことで目にとまるようにするためのプロセスに参加するいかなる可能性をも見ていなかった。チャアダーエフは、もし国民がそれらの価値や文化を体得せず、創造的活動において頭脳を緊張させ、努力を傾注することがなければ、国民には一工夫すらも仕上げられはしないと考えていた。チャアダーエフによれば、人民の歴史とは、その頭脳が緊張する連続的プロセス、創造のプロセスのことである。そうでなければ、人民には、どれほど仰々しい軍事的勝利があり、輝かしい専制君主、暴君、征服者がいようとも歴史は存在しないのである。チャアダーエフは、ロシアの民には歴史的記憶が欠如しているとみなしていた。もし文化の吸収と創造に関しての深遠な作業がないならば、その歴史は断続的な性質を帯びる。要するに、そのような国民は毎日をまるで白紙状態から開始するのである。それゆえ同一の誤りを犯すことが運命づけられているのだ。ロシアの歴史と文化固有の特殊性を分析しながら、彼は次のような結論に至るのである。

今のところロシア民族は、精神創造の現実のプロセスには参加していないし、支配者の意志通りにみずからの理念的、文化的価値を他者に対置し、文明諸国民の共通の精神からみずからを隔離している。つまり当分の間は、政治制度の形でこの精神の外的属性を、本質においては全く正反対な内容によって満たし、歪曲され戯画化された姿でしか文化的、精神的価値を解釈しながら持つにすぎなくなるであろう。つまりは異国の精神を基礎として建設された物質生産活動の意義は、まず第一に、抑圧のための武器の発達と軍事・政治力の強化のためだけに利用されるであろう。そしてロシアはいかなる未来も持つことはないだろう。

ある程度、ロシアの歴史と文化、定め、他の文化世界との関係についてのチャアダーエフの理念は、二〇世紀の最も深遠で、独創的な知性の一人であるO・シュペングラーの歴史的仮象現象の理念とも相通じていた。シュペングラーの概念の本質は、原則として人類の歴史において、今存在している諸民族のうち、有機的で、土着的な発展の結果、みずからの民族の精神をそれに適合しつつあらわすようになった民族は少ない、ということである。つまり文化的、政治的、経済的制度や価値、政治的社会組織、生産や交換、分配の形態、絵画や文学、建築、音楽、また宗教で表わすことに成功した民族は少ない。諸民族と、その精神とは、物質的、精神的な制度と価値を実現するために熟してきたのだが、しかし結晶となり、精神的にも、物質的分野においてもみずからも充足され、安定しているシステムとなるようなレベルには到達することなく、既成の成熟した制度と価値を有する他の諸民族との接触に際して全滅させられた。その際、萌芽的で無定形の状態にある一民族の、まだ固化していない精神、制度や価値に、より成熟し、制度化された他の民族の文化がかぶされていった。脇の方からこのような圧力を受けた民族は、その後の歴史すべてにおいて、それらの制度や価値と地場の充分に発展していない社会文化的基層との苦しい相互作用のプロセスを、身をもって耐えてゆくことになる。ある時期、この国民はまるで自分の生ではないかのように暮らし始める。だが、既成の形式では表現されない、その土地の精神の特異性を取り入れながら制度と価値を摂取するプロセスが、集中的になされればなされるほど、そのようないずれかの国民は早期に全般的文化・建設のプロセスに同権のメンバー、創設者として加わることになる。

そして反対に、これらの制度と価値とが、外から無理やり押しつけられた傾向を持ち、国民精神の基層内部へと追いやられ、離れていればいるほどそれだけ、当該国民の間で精神の衰弱、攻撃的態度、劣等感、あらゆる種類の恐怖症が引き起こされる確率がより大きなものとなる。そしてこれらの制度や価値に対して、またそれらの最初の創設者や所持者への否定的態度が生じる。遺憾ながら、ロシアで起こった歴史的仮象現象は二つめのほうであった。

最初の哲学書簡執筆の時期、またその後になっても、チャアダーエフは、ロシアの質素な民が、ピョートルによって導入された政治制度や上辺だけの生活様式を造り出した文化を国民の喉につかえた骨のようなものとしてであれ体得するかもしれないということには暗示すら見せなかった。チャアダーエフの不信か、そうでないとすれば懐疑的態度が、この問題においてロシアは未来を持たないとする主張のもう一つの原因である。

二

それでは、その後一五〇年間のロシアの歴史的発展が、どれほどチャアダーエフの危惧や結論の妥当性を証明したのかを検討しよう。

チャアダーエフは、残念ながらアレクサンドル改革まで生き長らえなかった。間違いなく有頂天にさせたであろう驚くべき光景を彼は見ることができなかった。数百年動かずじっとしていた巨塊、ロシアが動き始めた。この動向とは、まず第一に、農奴制の廃止によってもたらされた。他の要素も重要な役割を演じた。支配階級の教養ある層で、ロシア帝国を旧来の、変わらぬ姿で維持することは不可能だという理解がほとんど全体的にできあがった。この問題に関する世論が（右翼による、反デカブリスト的結集の長くはない時期のあとに）、再び中道へ、そして中道よりも左へと移動し始めたことは驚くにはあたらない。支配階級の代表的人物のヨーロッパとの強い結びつき、彼らにより西欧からある種の価値と理念を摂取することがこのことを助けた。これと平行して軍事・政治勢力としての帝国の地位や役割への外部からの挑戦が強まっていた。静態的で、遅れたロシアが、真剣な改革もなしにみずからの地位を保持することはもはやできなかった。クリミア戦争での敗北は、この結論の正当性を明瞭に示した。アレクサンドルの改革以後、ロシアでは社会生活の全領域での重大な変化が始まった。こうした改革が最終的に成功したら、祖国の歴史的運命の予言者たるチャアダーエフに恥をかかせるような結果となっていたかもしれない。

奴隷制廃止の後、ロシアの歴史上はじめて住民の圧倒的多数が基本的権利を獲得した。それらのなかには、みずからの生活を取り仕切る権利、移動の自由や所有の権利もあった。一枚岩のような社会の崩壊プロセスが始まった。ある程度アレクサンドル改革は、貴族の完全な横暴を抑えた。農民や貴族の階層分化、都市と工業の成長、独立した強力な経済的中心の出現によって、ロシアの一部住民は国家に対する大きな自由の感覚が生じるのを促された。このことは特にブルジョアや雇われ人のような都市の住民、また同様に自立した自作農家の主人になった農民の部分にも当てはまった。ロシアにおいてすべての階級が政治的無権利のままで、公的権力の領域が欠如していたにもかかわらず、住民のかなりの部分がいくつかの権利を獲得し、このこと自体が堂々たる前進の一歩となった。資本主義的方向でのロシアのその後の発展は、このプロセスを深め、拡大していった。インテリゲンチャ、住民の教養ある層、大小のブルジョアジー、労働者階級、個人経営の農民の成長が、その後の進化、発展のための不可欠な前提を造りだしていたし、政治システムの改革の結果として個人が基本的な市民権を得ることへの確信を強めていた。

だが残念ながら、こうしたことは、悲劇的事件、つまりアレクサンドル二世が暗殺されたため遂行されなかった。個人の市民的、政治的権利の受領や、象徴的ではあろうとも公共的な権力[2]の領域の創出ということは一九〇五年まで延期された。また一九〇五年から一九一七年にわたるドゥーマ［国会］の活動は一連の原因によって、個々の諸個人の政治的権利を強化し、発展させるためには全く不充分で非効果的であった。それゆえ革命を前にしたロシアでは、実際問題として、すでに長い間ヨーロッパとアメリカでの多数の文明諸国民の所有物であった市民的、政治的権利を備えた自由な個人というものが欠けていた。貴族の大部分は、経済的、社会的、文化的領域で形成されつつある資本主義的価値に適応しようと努めるなか、苦しみながら再編されていった。圧倒的多数の農民はといえば、みずからの伝統的なありようを続けていた。無学、経済的立ち遅れ、貧困、虐待のためにある程度の自由を得ても、自由に振る舞うことを想像するのがやっとであった。そしてもちろんのことだが、彼らは市民的、政治的権利が不可欠だと自覚し、ましてやそれらを積極的に社会生活へ適用することからはほど遠いものであった。ロシアでは、たとえ住民の少数部分であってもいいから、自立し、市民的、政治的権利を有しているような自由な個人が欠けていることが、二月と一〇月の革命の後、国の発展にとって破滅的役割を演じた。

結びとして言えることは、ロシアでもようやくではあったが、しかし市民的、政治的権利を有している自立した個人の生起のプロセスが進行しだしたということである。西欧諸国において自由主義・民主主義的な政治システムはまさにこのような個人に支えられているのである。一九〇五年の革命以後の、自由で発達した個人からなる、ロシアでの市民社会の形成は、萌芽的には第一次世界大戦前夜に現実へと転化しつつあった。だが戦争とそれに続く出来事が、このプロセスに破壊的な作用を及ぼした。

改革後のロシアでは、個人的自由の発展の特殊性は、諸個人の自発的な結社と個人の組織化の発展にその痕跡を残した。既述されたように、形成された権威主義システムは、経済分野の国家からの一定の独立を伴ったものであり、市民社会が形成されるための前提を造り出していた。一方で、資本主義の発達が市民社会の萌芽を造り出し、その結果として国家と専制政治の一枚岩が爆破されていった。そしてロシアにおいてもダイナミックな経済構造と競争が現われた。国家は、社会において唯一のすべてを掌握する基礎、独占的な調整力たることをやめた。他方で、社会の階層分化、社会の一定の構成要素が国家から分離し、それらの自立的機能が、社会ではじめて、経済的利害が相対的に自由に現われるような可能性を造り出していた。だが、こうした金融業者、商人、企業家の結社と組織、労働組合とは、もちろん経済だけでなく、政治的分野においてもみずからの真価を発揮したがっていた。そしてそれは、権威主義システムが、形成されつつある市民社会の機能のプロセスを厳格に規制しつづけていた以上、当然のことである。ロシアにとっての当面する問題の筆頭に、国家と市民社会の相互関係の問題が提起されていた。この問題を成功裡に解決できるかに国の命運がかかっていた。

こうした一連の要因のために、政治的、経済的プロセスが上から統御されていないことが判明したが、そのことは国の悲惨な事件の原因となった。

現存システムの根本的な変革を目的とした、ナロードニキの最初の大衆的示威行動や煽動、青年と学生、雑階級インテリゲンチャの運動、より急速な国の近代化と文明化といったことは、権力によってもある程度理解をもって迎えられていた。だが祖国の社会・政治的、社会・哲学的思想からは、生じた事態を考慮したロシアの前向きな発展の概念は提起されなかった。経済的発展と伝統的社会の崩壊とは、ロシアがヨーロッパ的な方向で前進していることを証明していた。ロシアの実際の発展にとってスラヴ派の社会哲学は、ただ一体的な社会的有機体が急激に崩壊することへの制御、他の社会文化的、政治的存在形式へのより柔和な移行という視点からのみ、意味を持ちえた。

公共的権力の領域を創出するという試みは、それによって政治的権利を市民に分与し、国家への支持や、最重要の政治的、社会・経済的決定への討議と作成に世論を誘引するためでもあった。しかしアレクサンドル二世の殺害の後には失敗に終わった。新たなツァーリとその取り巻きとは、ロリス・メーリコフによって準備された憲法の採択を拒んだ。専制国家権力と形成されつつある市民社会との相互活動、建設的協力の歴史的チャンスは失われてしまった。国家の管理が許されていない、生誕しつつあった市民社会は、公的権力に対して急激に敵対的位置を占めたのであった。

事態のこのような進展は、ロシアのその後の運命に破滅的な影響を及ぼした。専制権力は基盤が揺るぎ、社会が動揺し、国家によって直接規定されていない新たな組織、結社や力の中心が造り出される中で、自分自身の基礎が掘り崩されていることを自覚していなかった。もし権力が生起しつつある市民社会の制度を政治システムへと取り込まないとしたら、権力は社会での足場を失い、宙ぶらりんの状態になるような危険を冒すことになる。一九世紀八〇年代から、資本主義の猛烈な発達や社会の階層分化、また民衆と形成されつつある市民社会が国家から疎外されることが継続しているようななかで、体制の支柱としては軍事力だけが残っていることがますます明らかになりつつあった。暴力やその発動の脅しに周期的にすがることが安定の維持に必要となる。力に依拠した政治システムは最も脆いものである。一九世紀末から一九一七年までのロシアには、A・グラムシによる東方諸国の特徴づけを当てはめることができる。彼は、「東方において国家はすべてであった。市民社会は初期の無定形な状態の中にあった。西欧においては国家と市民社会との間には整理された関係があった。もし国家が不安定になり始めたならば、すぐさま市民社会の堅牢な構造が表舞台に登場することになったのだ」と書いていた。

その後の出来事はグラムシの評価を裏付けることになった。一九一七年にツァーリ体制がぐらついたとき、未熟な形態ではあったが、それでも存在していた市民社会は、たんに専制権力を支持しなかっただけでなく、あらゆる方法でその壊滅を促していた。

誕生しつつある市民社会の構造を制限付きの資格ながらも国家の運営へと誘引する試みは、一九〇五年に取りかかった(一〇月宣言)。だがそれは遅すぎ、また非効果的であった。その権利は下賜されたのではなく、勝ち取られたものであった。この宣言は、国家と誕生しつつある市民社会の最終的な断絶の合法的な認知であり、国の政治勢力の急激に分極化したことを象徴的に意味していた。

国家と形成されつつある市民社会との間の相互関係の進化を評価するとすれば、この領域では重大な成功を収めることができなかったということを確認せざるをえない。そのため、ロシアにとってチャアダーエフの予言が誤謬であったことについて述べることは、根拠がなかったのである。ロシアは、市民社会の完全な制度化、市民社会による国家に対するコントロールを確立するまでに、まだ長い道のりを経なければならなかった。

それでも農奴制の廃止と資本主義の発達の後には、この方向での希望の持てるプロセスが開始された。この方向では一定の成功が収められた。悲劇的な誤算にもかかわらず、それでもやはり一九〇五年からは、市民社会が政治の舞台でみずからを表現することのできる公的な権力の制度が創設されていた。国家と、形が整いつつある市民社会との複雑な相互関係、社会・政治勢力の分極化、一九一四～一七年の社会の危機的発展に際して先鋭的な社会問題が集積され、このため国家と形成されつつある市民社会との相互関係発展の進化のプロセスを、一〇月革命が遮る原因となった。

改革後から一九一七年までに、絶対的権力たる官僚制への不断の侵食プロセスが生じていた。権力は、唯一かつすべてを包括する力であることをやめたが、社会の生活の全領域に対する圧倒的な影響を保持していた。だが国家から独立した経済的、精神的分野の漸次的な発達は、国家のコントロールのもとに置かれたままではあったが、それでも官僚・官吏による厳格な規制からの非常に大きな自治と自由を獲得していった。さまざまな層と階級とからなる国の住民の活動的部分は、上から規制されることなく、認可されてもいなかった自由な活動の領域へ引き込まれていた。だが貴族と雑階級人とからなるこのかなり重要なインテリゲンチャの層は、国の問題の討議と社会的事項の管理への参加からまた遠ざけられていたのである。既述されたように、一八八一年の悲劇的銃撃のために政治体制改革の開始は許さなかった。ロシアでは、自分たちのために、既存の政治システムを保持するのに役立つような教養ある諸階級の代表者だけを選び出し、利用するシステムが存続した。このように、一九〇五年に至るまで、必要に迫られて公的な権力分野が権力によって創設されるまで、最も活動的で、教養をもち、ダイナミックで、進歩的志向を持った一部のインテリゲンチャが、以前のように政治システムから疎外されていた。このことが、インテリゲンチャが著しく「左傾化」するのを助長し、過激な反対派の陣営に彼らを導いたのである。インテリゲンチャは全く明瞭に、経済的分野におけるダイナミズムと社会の階層分化、社会・政治勢力の分極化、静止状態のまま残っている政治システムが、国家権力と形成されつつある市民社会の間の亀裂を拡大させているということを認識していた。政治システムの平和的進化の可能性を期待することなく、インテリゲンチャはシステムの根本的な破壊が不可欠だとますます確信するようになっていた。改革前のロシアにおいて、権力や国の統治への参画から疎外された大部分のインテリゲンチャは、みずからの才能、エネルギー、生命力、愛と失望を酒と無意味な遊興で紛らわせていた。一枚岩の国家にあっては、実際、他にインテリゲンチャが自己表現するための可能性はなかった。十分生活を保証された貴族階級の少数のインテリゲンチャは、ロシア、またそれより頻繁には国外で、お祭気分の生活をすることでみずからの悲哀と毒殺された市民的感覚を埋め合わせていた。

それでもすでに一九世紀から二〇世紀にかけてのロシアにおいては、インテリゲンチャの状況は全く異なったものとなっていた。第一に、それは相対的に数を増し、ほとんどすべての階級、社会集団からの出身者がそのなかにあった。

第二に、インテリ貴族は改革前ロシアにおいては、同時に常に資産家であった。世紀の境にあっては、この状況は一変していた。インテリゲンチャのかなり広汎な層が形成されたが、かれらはその日暮しの生活をしていた。この層は経済発展の結果や、旧来そして新たな社会的問題の鋭さを自身で体験していた。新たな社会的問題は、ダイナミックな社会的プロセスの結果としてますます激化していった。国家の厳格な規制から解放された、生成途上の市民社会は、インテリゲンチャの一部が根をはる上での培基となっていた。このことはまず何よりも、現存の政治体制の控えめで合法的に批判する立場をとり、啓蒙活動の中にみずからの天職を見いだしたインテリゲンチャにこそ当てはまる。インテリゲンチャのうちで、生活にも困っているような別の部分が過激化し、非合法的な宣伝や煽動、積極的な反政府活動に参加し始めたのである。

一九世紀の六〇年代にロシアのインテリゲンチャが体験した変身については、ベルジャーエフも注目している。社会的意味においてインテリゲンチャがブルジョワジーであり、特権階級に属していた西欧とは異なり、「ロシアのインテリゲンチャは一般にプロレタリアート、言葉の社会的意味において非ブルジョアジーであった。六〇年代以降、インテリゲンチャが相変わらず貴族であったときでさえ、それは零落し、プロレタリア化した貴族がすでに大部分であった。雑階級人・インテリゲンチャこそがいかなる金銭も持たず、安価な授業や文学で稼ぎ、困窮し食うや食わずの生活をしていた。ロシアの大学教育は、富裕な階級の特権としては西欧におけるよりも遙かにお粗末なものであった。ロシアのインテリゲンチャの社会主義への変わらぬシンパシーとそのイデオロギーの非ブルジョア的性質は、社会的にはこのことによっていくらか説明がつく」。

こうして、一九一七年までに官僚の絶大なる権力はすべてを包括するような性質を持たなくなり、社会の一部は、国家と官吏の支配による荒っぽい「包摂」から脱却していた。だが国家権力と、最も教養があり、エネルギッシュで、ダイナミックな上部構造の創造を志向したインテリゲンチャとの社会での相互関係では変化はあまりなかった。一九一七年に至るまで、こうしたインテリゲンチャの圧倒的大部分は権力への反対派のままであった。政治システムは非常に苛酷なままであったし、新たな人々や新たな理念を受け入れることはできなかった。下からの圧力のもとで創設された公的な権力の制度は、ごく少数の教養ある階級とインテリゲンチャのみを国の問題の建設的討議に引き入れたにすぎなかった。大部分の過激なインテリゲンチャは、みずからを権力に対する反対派とみなしていたし、そのようなものとしてツァーリの退位まで、一九一七年の二月から一〇月まで活動していた。だから一九一七年まで、国家とインテリゲンチャの関係では、みずからの未来を確信する感覚をロシアに与えたかもしれない肯定的変化は、先に指摘した他の多くの分野におけるよりも少なかったのである。政治システムにおいて、教養ある階級の状態は不変のままであったが、国家に対するインテリゲンチャの態度表明の形態は根本的に変化した。形成された市民社会は、このための非常に広汎な可能性を提供した。この問題に関するチャアダーエフの予言は、一九一七年まではかなりの程度、他のいずれかの問題よりも試練に耐えた。国家とインテリゲンチャとの建設的な対話は成立しなかった。

チャアダーエフが列挙したすべての領域の中で、最も本質的な変化は人類史のなかでのロシア自身の場所を自覚するという分野で生じた。チャアダーエフの書簡から一九一七年までの全時代を通じて、ロシアの思想家の途方もない努力は自己認識と自覚とに費やされた。農奴制の廃止、西欧的なやり方での経済の発展、社会における相対的に独立した精神的領域の生起が、西欧の精神と文化の真剣な摂取のための好都合な可能性を創り出した。ロシア史上はじめて、すでに世紀末から一九〜二〇世紀の境にかけて知的作業に携わるかなりの数の人々が形成された。教育は広汎なものになった。ロシアははじめて、西欧精神の既製品だけでなく、精神自体をも公然と輸入し始めた。西欧文化と哲学思想とに対するみずからの立場を明らかにし、意味づける綿密な作業がはじめて開始された。それらの批判的意味づけは、ロシア民族が、チャアダーエフの表現を借りるならば「自前の一工夫の創造」の直前まで来ていることを知る上で助けとなっていた。つまり、自己と他者の緊張した意味づけと他者の間にあってみずからの場所を規定するプロセスが始まったのである。

この検討される時代のロシアでは、思考する人々は、スラブ派と西欧派とに分かれたけれども、ロシアの未来についての判断においてかれらは皆、西欧の政治的、経済的制度の経験と実践とをその出発点としていた。ロシアのために西欧とその経験を否定した部分でさえも、少なくとも西欧の思想の成果に依拠しながら、ロシアの精神生活を感じ取り、発展させ、肥沃にしていったのである。今日われわれは、国が近代化の段階へと入ったアジアやアフリカの小さな諸国の教養ある層でさえ、近代化自体のプロセスや見込まれる結果に対しては一様ではない立場をとっていることを目撃している。それゆえ、政治的、軍事的関係において大国の知識人層の一部が、文化的植民地への転化に甘んじたり、西欧の追随者や模倣者となりたがらないのは何も驚くべきことではない。この立場は、プロセスが生じるのがより早く、痛みもなければないほど、国民は諸国民からなる家族へとより早く、より効率的に統合され、世界の文化に完全に加わることができる以上、歴史的展望の中では間違いであることがわかった。時折、精神的、文化的発展、工業や科学の進歩で優勝するため、リーダーとしての役割をあれこれの諸国民に認めてもらうための競争は、はなはだ惨めで一様でない役割を演じる可能性がある。ある国民は自前の経験を忘れることなく、他者の経験のうちで最も価値あるものをいつでも即座に識別し、取り入れてしまうのである。これらの成果を認識、習得した国民はさらに先へと進み、当初の科学や文化の成果を借用されてしまった方の諸国民はこの面では凌駕さえしてしまう。このことはヨーロッパ諸国民の発展の歴史において示された。まさにこうした要因のために、ルネサンスの時代から、文化的、科学的、政治的中心はたえず南から北へ、後には大洋を越えて移動していったのである。今日では、この中心の移動プロセスは極東と太平洋地域へ向かっているのである。

だがこうした移動は突然、個別に生じるわけではない。それぞれの新たな中心はリレーを引き継ぎ、旧来の中心の成果に自身の民族の精神、つまりエネルギー、進取の気性、知的、心理的気質の全総体を刻み込んで、それらの成果を体得していった。またこのプロセスが常に平坦に進むわけではないことは事実である。多くの諸国民の保守的な層や権力の代表者は、自分自身の地位を失うことを恐れ、このプロセスに激しい抵抗をする。みずからの行動の動機として彼らは、自身の民族の独自性や優越性を守ろうする志向を挙げるのである。どこの誰であろうともみずからの隣人と異なっていることを希求しながら、そのことを民族文化において一番価値あるものの保持と発展という方途によって得ることはないのだということが、かれらを不安にさせるということはない。逆に、この希求は、貧しくとも別のものであることが、豊かだが他と同様であるよりもより良きことであるという自己目的へと変わってゆく。

このことは特に、歴史的に長い間、文明世界の文化的、政治的、経済的リーダーの役割を争っていた諸国民に明瞭に現われている。例えばフランス人は、イギリス・モデルの政治システムにしろ、アメリカ・モデルにしろ純粋な形で取り入れようとしたがってはいない。結局フランス人は、これら二つのモデルの混合物を造り上げたし、また彼らのシステムはきわめて非効率的でもある。ここでまさに、民族的誇りの要素やどんなことがあってもみずからの、フランス的ななんらかのものを守ろうとする願望が、権力の制度を組織化するレベルにおいてその役割を演じたのである。このことが、おそらく非常に表面的なレベルだけで類似性と特殊性を評価する庶民と半インテリ大衆の自尊心を満足させるのである。しかし政治システムを組織化する領域において、フランスはだいぶ前から、深刻な破局もなしに本質的レベルにおいてイギリス・モデルを採用したことは全く明らかである。

寸法や重量、左側通行といった自前のシステムをイギリス人が多年にわたって頑強に保持していることは、その他の世界の後塵を拝しては歩むことなく、みずからの後に他者を従わせようとする同一の志向をすべて物語っている。

ロシアの特殊性と独創性を誤って理解し、ロシアを文化と科学、理念の遺産、工業の成果の基本的で主要な傾向から遠ざけようとしていた層の抵抗にもかかわらず、ロシアにおける近代化のプロセスは、開始され、効果的に進行しただけでなく、すでに前世紀の末までには極端に加速していた。結果は度肝を抜くようなものであった。強い科学・技術的、文化的結びつきや経済と教育の猛烈な発達によって、ロシアのインテリゲンチャは、西欧の精神の文化的、科学的、理念的価値をはじめて体得し、世界文化への自分自身の独創的な貢献のための機が熟すまでになったのであった。世紀の狭間から一九一七年までの時期、またその後も惰性で二〇年代半ばまでは、ロシア文化が最高に開花した時期と呼ぶことができる。単にみずからを西欧に対置させるか、西欧文化の周縁と自覚するだけでなく、また人類の精神生活の個別領域における天才的な一匹狼によって提示されただけでもなく、世界規模の価値を科学、技術、芸術のほとんどすべての領域で創出しながら、全ヨーロッパ的、全世界的文化へ強力な奔流として流れ込む現実的な可能性が、ロシアにはじめて生起したのである。このプロセスは不可逆のものとなったと思われた。もうあと一息の努力で、科学と文化の成果もまた広く深く浸透し、特権層ではなく社会の大部分の所有物となりつつあった。いずれかの国民が文化的諸国民からなる一つの家族に引き入れられているということは、まず第一に、文科系インテリゲンチャと文化の影響力によって評価されるということを強調しておきたい。人文学的な文化は、他の諸国民の文化という生地に、自然科学や技術の成果よりも比べものにならないくらい困難で、痛みを伴いながら内在化されてゆく。第一級の散文の後を追って、ロシアにおいても西欧とほとんど同時に驚くべきモダニズムの詩と絵画が現われた。ロシアのみならず、全人類にとっての発展の方途を探求した注目すべき社会哲学者のまぎれもない一群が形成された。東方と西欧とを総合するという概念が生起した。猛烈なテンポで技術的考えが発展していた。だが、これらすべての成果を国民の所有物とし、民衆につきものの部分とし、まさにそうすることでそれらを定着させなければならなかったかなりの数の科学者、文化活動家、教育者は、自己を実現すること、達せられた進化を不可逆のものとすることには成功しなかった。

フェドートフは、ロシアの容貌を変えた農奴解放とアレクサンドル二世の改革以降の五〇年間について書いている。「インテリゲンチャは数十、数百倍も成長した。もうそれに応えて、ときにはマクシム・ゴーリキーやシャリャーピンのようなロシア文化の燦然たる名前を荒波の中で育むこともあった新たな労農インテリゲンチャが立ち上がっていった。一九〇五年、国民とインテリゲンチャとの間の、長年の境界が消失したように思われた。国民はツァーリへの信頼を失くし、自由のための闘争を指導することをインテリゲンチャに託した。貴族の反動陣営への移行は、新たな自由主義的ブルジョアの発達によって帳消しにされた。旧来のゼムストヴォ［地方自治機関］、自由な世論という豪華な学校は、みずからの民主化を待ちつつすばらしい活動をしていた。労働組合や協同組合の運動は、社会的に勤労面の民主主義を育てていった。国民学校、すでに作成されていた一般普通教育の計画は、モスクワ型の考え方を浅薄な啓蒙としてすばやく分解していった。ロシアのフォークロアの愛好者は、その廃墟を越えてペチョラ川へと行かなければならなくなっていた。すでに五〇年、ロシアの最終的なヨーロッパ化は、ロシアの最深の層に至るまで実際のこととなっていればよいが。違ったものになったのだろうか？　何しろロシアの「人民」は、全く同じエスニシティや文化の生地から生じているし、貴族も、一八世紀に同じ学校を首尾よく終えたのだ。たかだかこの五〇年ロシアに許されなかったにすぎないのだ」。

まさに最初の深刻な社会・政治的危機に際して、炸裂するよう準備された巨大な破壊的弾薬を改革は抱え込んでしまった以上、それらはまだ与えられていなかったのである。この農奴改革後の二律背反については、ベルジャーエフが非常に正確に、掘り下げて叙述していた。ベルジャーエフによって記述されたロシアの社会・経済構造は、多くの点でトクヴィルの著作『アンシャン・レジームと革命』で提示された革命前の一八世紀フランスを連想させるものがある。短期間の社会的同意、アレクサンドル二世の自由主義的な改革へ全般的支持は、相互不信と紛争に取って代わられた。上からの反動的気運と下からの革命的気運が増大し始め、雰囲気はますますもって重苦しいものになっていた。ベルジャーエフが指摘したように、「恐怖による興奮状態が支配層の中で圧倒的になった。そう、それはロシア的生活の分裂とロシア国家の非有機的性質が原因で、ロシアの権力においては常に圧倒的なのであった。改革はロシア社会に多くの肯定的なことも与えたが、しかし短期的には社会生活の多くの矛盾が解決されないどころか、深刻化した……。農民は大部分の土地を領有していたが、生活はうまくゆかず、不満なままであった。農業文化の水準は低く、原始的であったし、農民にとって食料のための土地は十分ではなかった。身分の階層はそのままであったし、農民階級の人間的尊厳は踏みにじられたままであった。日常では、ロシアは貴族の国でありつづけたし、封建主義は一九一七年の革命のそのときまで全く克服されず、巨大な土地を領有していた大地主は残っていた。風習は封建的であった。改革は巨大な意味を持っていたにもかかわらず、皆が不満であった……。農奴解放以後、革命的ナロードニキ主義や農民社会主義は、新たな動機を得た。農村の富農はブルジョアジーに変わった。ロシアが資本主義段階を素通りできるかどうかという問題がより先鋭化したのである」。

一九一七年までのロシアの歴史と文化との根本的な断絶が、教養ある人々の圧倒的部分を新たな権力から切り離した。新たな権力に与した人々は、文化的土壌から引き抜かれてしまったことがわかると、急速にしおれてしまった。このようにして、チャアダーエフの予言の不当性を立証するためのほとんどすべての前提条件が、一九一七年までに生じたのであった。

ところが、ボリシェビキ革命がロシアの近代化プロセスを中断し、天才的思想家の予言は再び現実味を持ったものとなった。

それから一体何が起こったのだ？

新たなソビエト権力と新社会とが樹立された最初の一〇年の激変については詳しく言及せずに、二〇年代末から三〇年代初頭のロシアで、チャアダーエフが四つに区分した領域のすべてにおいて一体何が起こったのかを短く触れることにしよう。

第一に、三〇年代までに旧社会の解体とともに、ロシアの一部住民の個人的権利や自由も完全に一掃されてしまった。それらはかれらが旧体制との闘争の中で克ち取ったものであった。こうした人々の一部は国から去っていった。他の一部は内戦で非業の死を遂げた。残りはといえば追放された。かれらの運命はさまざまであった。インテリゲンチャと教養ある層のうちで少数の部分は偶然にも生き残ったが、すべての権利を失った。

逆説的状況が労働者、とりわけ農民の膨大な大衆の身にも形作られていた。かれらの利益と望みの実現というスローガンのもと成し遂げられた革命は、実際にはいかなる政治的、市民的権利をもかれらには与えなかった。ロシアにおいて、フランスにおけるよりも遥かに大規模に、トクヴィルによって明らかにされた原理が実現された。つまり、ブルジョアジーと地主の一掃が、国家官僚による支配という顔をした新たな絶対主義のための条件を造り出した。その支配を前にしては、全住民は一様に無権利状態に陥っていた。公式に労働者と農民のためのあらゆる自由と権利が宣言されていた。だが自由は法令によって提供されるわけではない。自由を利用するためにはそれ相応の条件が不可欠である。確かに、労働者と農民の代表者は、学び、国家権力や行政機関での指導的ポストにつく現実的な可能性を得た。だが全生産手段の全面的国有化によって国民の国有化がもたらされた。当初このことは、労働者階級のもとで起こった。短期間の農民と小所有者のためのお目こぼしの時期（ネップ）の後、すべての労働者と農民、インテリゲンチャの完全な国有化が行なわれた。官僚による支配システムもすべて国有化されたのであった。国家は唯一の所有者、雇用主に変貌し、「従わざるものは存すべからず」という原則にのっとって活動し始めた。個人の自由の領域、政治的、市民的自由において、ロシアは一〇〇年前に、いやおそらく、さらに前に放り出されてしまった！

農奴制の廃止まで、貴族の一定部分は、独立した生活の源や外国へ出かける可能性を持ち、国家にこうした奴隷のような依存をすることはなかった。完全な国有化の後に住民は、自己実現のためのいかなる権利であれ、可能性であれ奪われた。このようなことはロシアでおそらく一度たりともなかったことである。個人の権利の領域においてわれわれは、一九一七年から少しも前進していないどころか、逆に三〇年代初頭に至るまでに全面的な奴隷制を持つことになったのである。

第二に、全く同じことが、誕生しつつあった市民社会や、国家から認可されていない結社や組織へ市民が加入する可能性においても生じた。あらゆる社会生活が厳格に規定されてしまっていた。国は兵舎へと変貌した。金持ちは根絶され、流刑にされ、彼らの所有物は国家へと移管された。地元の国家行政機関には国民の代表者が居座った。一見したところ、ロシアで起こったすべてのことは、不公正と不平等に終止符を打つために呼びかけられたように思われた。だが所有物の機械的再分配は、社会のメカニズムの中に基礎をおいたダイナミックな発展のためのあらゆる刺激を根絶してしまった。社会の財産の再分配は、短期的効用を与え、そして公平な秩序樹立の幻影だけを造り出した。このような分配の総計として、短期間の活況の後に、社会生活は麻痺させられてしまっていた。これらすべてのことは長い年月にわたる停滞として終わった。形成された政治システムは、市民生活の全領域の全面的な法規制と現状維持を指向していた。つまり、国家が再び個人と、形成されつつあった市民社会とを「飲み込んでしまった」のである。

第三に、官僚は社会で、ツァーリの官僚すら夢想しかできなかったような位置を占めた。国家の各部門を回路とする以外には、個人やさまざまな結社、グループのあらゆる自己実現の形態がない以上、官僚制が社会生活をコントロールする唯一かつ一枚岩の独占的な力となった。再び、社会の活動的で、ダイナミックな、才能ある力が決定採択のプロセスから外されたのであった。国の行政や、政治的、経済的、社会的決定を採択するすべてのプロセス、公的権力の領域からは排除されてしまった。あらゆるレベルの立法権力の諸機関は、似非国民投票機関の政治システム上の痕跡に変わってしまい、誰からもコントロールされない全能の権力が官僚制の手に渡されたのである。ソビエト社会には公共的権力の領域がなかったのである。そして再び、国は文明諸国民の間にあって独特なものになった。ソビエト連邦には権力の基本的な一部門、つまり不断に活動する立法機関が欠落していた。立法機関を通して、国民はみずからの意思を表明するのである。結局、正常でない、中途半端な政治システムができあがった。こうしてこの分野でも、ロシアははるか後方に放り投げられてしまったのであった。

第四に、さらに悲劇的であったのは、ロシアと西欧との関係の運命であった。新たな権力は旧来の文化と新たな文化との間の根本的な断絶を宣言し、新たな文化の建設を要求した。二つの文化という概念が途方もない損害を与えた。なぜならそれは、はじめに新たな文化を旧来の民族的文化のなかですべての価値あるものから切断してしまい、その後は早くも、新たな、再び創り出された公的な文化を西欧の文化と精神的価値に対置したのであった。新たな権力はこの領域で、ロシア民族の文化と精神を西欧文化の影響から隔離し、ロシアを西欧に対置し、両者の間に克服しがたい障壁を建設しようと最大限の熱意を発揮したのである。

三〇年代にかけて、新生ロシアと革命前のロシアとの文化における断絶は、新生ロシアと古代や中世のロシアとの間よりも深く、鋭いものになった。文化建設の有機的プロセスや、世界的な文化の吸収、それを基礎とした自前の高度な見本の創造は最も乱暴な方法で断ち切られた。ロシアで文化的鎖国と精神的荒廃の新時代が始まった。自前の芸術や文化の多くの成果を否定し、孤立や世界的な文化や芸術に対する敵対的態度が、ロシアの文化生活を頽廃と荒廃へと導いたのである。

このようにして、ロシア生活の四つの全領域で、状況はチャアダーエフによって最初の哲学書簡が書かれた時代よりも、さらに悲惨であるということがわかった。ロシアの未来という気がかりな問題は解消されたどころか、ますます悲劇的な響きを持ってしまったのである。

けれども、私見ではあるが、すでに三〇年代にはあったような喜びのない状態をわれわれの国にもたらした諸々の原因を分析しようではないか。いかなる方策であれば、今ある状況を変え、チャアダーエフが断念したような未来をロシアが持てるようにするための不可欠な前提を創り出せるのかを明確にしようではないか。

三

ゴルバチョフのペレストロイカが始まって一一年以上が過ぎた。しかし、今なおロシアの未来や発展の方向を選択することに関して明確ではない。巨大な喪失と衝撃、旧来の統一国家（ソ連邦）の崩壊を代償として、ロシアは共産主義的な全体主義体制から抜け出すことに成功した。しかし経済的、社会的、政治的分野におけるロシア改革の現在に至るまで、改革派は市場経済と民主的政治体制の信頼できる基礎を定めることがついにできなかった。結果として一九九六年の大統領選挙の年には、政治勢力は深刻に分極化し、急激な社会的分化、民主主義と市場経済の価値に対する信用は失墜し、そしてかなりの住民層の間で共産党の政治力と思想的影響が増大する状況へと、足を踏み入れたのであった。一九九五年一二月の下院選挙では住民の相当な部分がさまざまな共産主義的党派と運動の代表者に一票を与えた。このようにして、改革と近代化という歴史的道程において、ゴルバチョフとその支持者、後にはエリツィンによってペレストロイカ初期と、根本的な経済変革の時期に提起された主要目標を達成することなく、後方へと投げ捨てられる脅威にロシアは再び直面した。

選挙でのボリス・エリツィンの勝利は、遺憾ながら、ロシア国内政治の進展における緊迫感を減少させはしなかった。エリツィン行政当局は依然として経済的、社会的変革や国家建設の基礎的な諸問題の解決を余儀なくされている。しかしわが国の歴史発展の現段階において、主要な四分野、つまり個人の権利と自由、市民社会の発展、市民社会による国家のコントロール、国家と知識人、そしてロシアと西洋の関係、これらの全ての分野で、われわれが開かれた社会に向かってどれほど前進したのかをより明確に自覚するため、一一年以上にわたる改革でのなんらかの結論を導く必要がある。本論文のはじめに指摘されていたように、ロシアの思想家チャアダーエフは、取り上げられた全分野での暗澹たる状態にある自国民と国家の未来に対して疑念の根拠をあげたのであった。

第一に、近年のゴルバチョフ、その後のエリツィンの改革は、一枚岩の全体主義的体制を破壊した。結果として、国家のソ連共産党からの分離、社会の国家からの分離、個人の社会、国家、党からの分離が生じた。形式的には既に旧連邦の枠内で、個人はかなりの現実的な政治的自由と権利とを得ていた。ブレジネフ憲法での第六条が廃止されて以後、ソビエト共産党の権力独占には終止符が打たれ、現実的な多党制への道が開かれた。国における検閲の廃止によって言論の自由が保障された。ペレストロイカ時代の安全保障機構や特殊治安機関への信用の失墜、ソ連邦の崩壊と崩壊の後に開始された根本的な経済改革は、長期間治安機関の活動を麻痺させ、社会生活、特に個人の活動へのコントロールという面でその役割と影響を急激に制限した。

だが指摘しておかなければならないのは、一方で党、国家、権力の圧力機関の苛酷な後見から個人が解放されたとはいえ、他方でこの過程は深刻な否定的結果をも有していたということである。旧来の国家と経済システムの危機という状況下で、新たなロシアの権力は、あまりに急速に自国の社会生活への影響力を弱めてしまった。結果的には、政治的自由が欠如し、経済活動が極限的に規制されていたまさにその時、ソ連国家という特殊な後見人から解き放たれ、個々人は自由競争と「最小限国家」の時代に生きているのと同じような状況にいることが分かったのである。

国家は不可欠とされる自由を保証してはいるが、市民社会の活動を調整せず、社会的、経済的活動への介入はしないというような秩序が問題とされている。こうして、全体主義体制のもとで政治的不自由に苦しみつつも、より頼り甲斐のある国家が犯罪者たちから保護してくれることを個人は利用していたし、エスニック集団や地域間の紛争の犠牲となってはいなかったのである。また、最小限だが社会的保護は保障され、薄給ながら労働は保障され、そして予測可能な未来を持っていたのである。

政治的自由と権利を得て、大多数の市民は新たな経済的、政治的状況のもとで深刻な諸問題に直面した。かれらの運命に影響を及ぼす諸問題を自身で解決しなければならなくなった時に、かれらは新たな状況に適応できなくなったのである。このことは年金生活者と年金予備軍の年齢の人々にとって特に複雑なものであった。国家は市民保護に関するみずからが持つ多くの機能を市民自身の肩へと詰め替えたのである。生産の低下、市場条件へ融け込めない多くの重工場や軽工場、国家財政の破綻が相当部分の住民の生活水準を目に見えて低下させた。結局、ロシアの人々は個人的な生活に対する国家の干渉から脱しはしたものの、労働、教育、社会保障他を受けるための諸条件の形成を促進する、いわゆる積極的な権利と自由を得たのではなかった。同胞の多くは、政治的権利と自由の裏付けが社会・経済的には不充分であることを実感し、また犯罪件数の増加を見つつ、犯罪を前にして無防備だという感覚を持ち、多くが過去を懐かしむようになってきている。こうした事態が、最近の革命的一〇年における個人の権利と自由という分野でのすべての成果を元に戻しかねなくしている。

第二に、ペレストロイカと根本的な経済変革の時期、市民社会の形成はいくつかの段階を経てきた。第一段階は、どうにかして一枚岩の共産主義体制を動かそうとするグラスノスチ［情報公開］と共産主義体制の自由化であった。この段階では、上からの改革を実行しているソ連共産党指導部が、クラブや利害集団などの非公式な組織の設立を許可したのであった。それらのもののうちいくつかは明らかな政治的志向を有していた。

個人の勤労活動や協同組合、勤労集団に関する諸々の法律を採択した目的は、社会生活を苛酷な党・国家的強制から解き放つことであった。まさにこの時期、民族的、地域的、政治的な諸組織が形成されてゆく、嵐のような過程が進行した。ソ連共産党による権力独占とみずからの存在の合法的根拠が欠けていた状況下で、諸々の組織は相変わらず社会生活、政治生活の周縁に位置していた。国家のソ連共産党からの分離、常時活動する代議制権力機関の創設という目的とする一九八八年から実行された政治改革は、一党制の枠内で展開されていった。しかしながら選挙における社会的組織の参加という事実自体が、ソ連共産党のコントロールというもとではあれ、国家権力の最高機関における最重要の集団的利害、つまり青年、勤労者、女性他の利害を表出するということを意味していた以上、重大な一歩となった。だが社会的・職業的利害が実際に形式上も整えられ、そうした利害が政治に持ち込まれ、さまざまな社会的、民族的、職業的、地域的そのほかの利害を表現する大衆的政党として定式化されることは、所有物に対する国家の全面的なコントロールによって妨げられていた。市民社会の萌芽となったのは、民族主義的運動を除くと、組織的、経済的、政治的に脆弱な利害集団であった。なぜならば、国では根本的な経済改革の開始（一九九二年一月）に至るまで、国家の経済に対する完全なコントロールが、工業でも、農業でも、サービス業でもほとんど変わらぬ姿で保持されていたからである。したがって、市民社会の本格的発展を国における自立した産業活動の主体が欠けていたことが妨げとなったのである。

経済改革と民営化、株式会社化の開始後ようやく、現実に即した社会階層の分化と、各自の経済的基盤に立脚した多数の利害が形成される時代が始まったのである。民営化と市場メカニズム成立の結果、産業活動の自立した主体としての金融資本、金融・産業グループの出現、燃料・エネルギー複合体や農工複合体、軍産複合体が外形を整えたことで、国家と誕生しつつある市民社会との間に原則的に新たな関係が創り出された。

市民社会や国家規制から自由になった各分野の形成過程は相当苦しみながら進行しており、巨大な困難と直面しているということを、大変残念だが、確認しなければならない。急速なテンポの民営化が、三分の二以上の国内産業を国家の肩から下ろした。しかし国内経済の大部分が赤字だという事実を考慮するならば、それが意味することは、効率的な経営と技術的更新のための投資が不足しているとすると、赤字の経済部門には主要なフォンドを食いつぶし、死滅することが運命づけられているということである。

経済の他の部分、まず第一に、国家予算に密着している商業銀行、燃料・エネルギー複合体、輸出向けの原料部門は、政府との結びつきを通して国家予算からの追加助成、税制上や輸出入取引に関するあらゆる特典が保証されているため、より好都合な状態にあった。一九九三年の議会選挙やなかでも数十の政党や運動が参加した一九九五年の選挙は、一方で市民社会の自立した制度の形成過程がロシアで進行していること、しかし他方で制度は非常に弱く脆いことを示した。国家権力は弱々しいうえに、買収されやすく、効率的に国の金融、原料資源をコントロールできず、国家の後見からも自由になる準備も出来ていなかった膨大な住民大衆へに対する最小限の社会的援助を、国家権力は保証することもできない。このもとで市民社会の政治的な統合は、まず第一に、社会的、民族的（ロシア自由民主党）な路線にそって進んだ。つまり改革の結果、状態が悪化した人々はロシア連邦共産党のまわりに結集し、富裕な人々と改革の結果儲けた人々は「わが家・ロシア」のまわりに一つになった。弱々しい国家権力のもとで、市民社会の富者と貧者への分極化によって、一九九六年の大統領選挙で共産党が勝利した場合には市民社会の存在を脅威のもとに置き、経済活動、社会生活への国家の完全なコントロールの復活をもたらしかねないようなきわめて危険な状況が造り出された。市民社会の基礎を形成する苦しい一〇年の後に、この形成過程が中断されるかもしれないということは、ロシアの歴史で初めてではないのである。

第三に、重大な変化は官僚制の活動においても生じた。個人の自由と市民社会の発展は、国家のコントロールと規制の領域を目に見えて狭めた。ゴルバチョフのペレストロイカの初期、改革派指導部はみずからの事業へ知識人の側から支持していることを初めて感じた。権力と知識人との断裂は狭まり始めた。権力のあらゆるレベルで常時活動する立法機関によって表わされるような、公的権力の領域を創造することを志向した政治改革によって、知識人の進歩的傾向の部分に（地区での党・国家機構の保守派からの抵抗にもかかわらず）新たな権力機関の活動に参加する可能性が与えられたのである。

わが国の多年にわたる歴史の中で初めて、権力と知識人との関係が露骨な敵対的性質を帯びたものではなくなっていた。その関係をパートナーシップと呼ぶことはまだできなかったけれども、共産主義政権に対して批判的傾向をもつ、ソビエト社会、ロシア社会の最も教養ある活動的なすべての代表者が、ソビエト共産党の新たな改革派指導部の経済、政治システムの近代化の試みに好意的態度をとっていたのは明らかであった。

しかし社会と個人が解放され、社会に対する党・国家的コントロールが弱体化するにつれて、われわれは一部のロシア知識人の革命的偏狭さに二〇世紀中に再度直面したのである。ゴルバチョフをその事業において支持しつつも、その後一部の知識人は日ごとに過激化し、経済、政治改革のテンポの加速化を要求し、結果として彼の反対派となったのである。権力と急進的知識人との離反という新段階が始まった。世紀初頭の悲しむべき歴史に関するいかなる言及も、民主主義的伝統が欠如している国における改革の実行に際しては抑制と慎重が不可欠であることを指摘した論文集『道標』の著者たちからの引用も相変わらず聞かれなかった。急進的知識人は、市場関係と民主主義的政治システムを早急に確立する要求を提起した一層革命的な傾向の政治勢力を（連邦中央においても、連邦構成共和国においても）支持した。民主主義的方針を持った政治勢力とマスコミ内部の世紀初頭と同様の急進主義が、ソ連邦における政治的、経済的、民族間、制度的危機をもたらした。皆に見捨てられてしまい、弱々しい茫然自失となったゴルバチョフ、そしてソ連邦の一体性を維持しようとの国家非常事態委員会の冒険的で、無思慮な行動が最終的に旧来の体制、そして連邦自体にも止めを刺したのであった。

ソ連邦の崩壊と新たな独立国家の形成は、国家と社会、特に国家と住民の教養ある部分との相互関係の問題を共和国レベルに下ろすことになった。とって代わりうるような民主主義的運動が出現することに成功しなかった中央アジアとカフカス諸国とにおいては、旧来の幹部と機構が、従来の名称を脱ぎ捨ててみずからの権力を守り通し、事実上変わらぬ姿で国家と社会の関係の性質を保ったのであった。共産党に代わって、人民戦線や異なる名称の民主主義的運動が出現したところでは、権力と社会、権力と知識人の相互関係の性質は本質的な変化をこうむることになったのである。実際、共産党員が権力を反対派に譲ったすべての共和国（ロシア以外）で指導部には、民族主義的方向性をもった知識人が就いた。彼らは旧来のエリートをかなりの程度一新し、社会との相互関係を変えた。ロシアにおいては、国家制度の脆弱性や民主主義的運動からの新興勢力の権力制度への流入によって、権力と知識人の相互関係はさらに一段と一新されたものとなった。

当初急進的知識人は、エリツィンの中にみずからの志向と希望の具現を見てとった。だが国内で権力を強化し、支配の実効性を復興させようとの試みに際して、そうした行動の中に民主主義的理想への裏切りを見つけた急進・民主主義的知識人の猛烈な批判的部分とエリツィンとは衝突することになった。チェチェン戦争、ショック療法の破産、エリツィンが「ショック療法」派と手を切ろうとする試みが、彼と急進的知識人との間の亀裂を拡大させた。新たな権力と知識人とのこうした部分との疎隔は、選挙でヤブリンスキーへの投票を呼びかけることで、エリツィンと共産党指導者ジュガーノフとを公然と同列に並べてしまうまでに至ったのである。

このようにして、例によって例のごとく祖国の歴史において、わが国の一部知識人の急進主義がロシア国家の未来を危険に陥れ、共産主義による復讐の可能性を開いていったのである。そうしたことによって、ロシアは悪循環から抜け出すことも、民主主義と文明的な市場関係発展の道を進むこともできるのだということを疑問視させてしまったかもしれないのだ。フランスの研究者エレーヌ・ダンコースが自著の一つで指摘したように、大統領選前夜の状況は、ボリシェビキが人民大衆をバリケードの上へと押し上げ、急進的自由主義者が国家権力の諸制度を壊していった一九一七年の革命前夜を彷彿とさせるものがあった。

このように、国家と知識人の関係という領域においても、最近一〇年間の間に憎悪から愛へ、そして再び憎悪へ、という好奇心をそそる根本的変化が生じたのであった。ロシアにとっては今もなお、権力と知識人、そしてわれわれの社会の教養ある部分全体との整理された関係が打ち立てられる可能性は、手の届かないもののままなのである。

第四に、改革が開始されてからの年月で最も大きな変化は、わが国のアイデンティティの探求、世界におけるみずからの位置の意味付け、発展方途の選択、文化面でのロシアと西欧の間にある断絶の超克と結びついている。

ペレストロイカ時代に早くもわれわれは、検閲が弱体化するなかで、イデオロギー的見地から切り捨てられていた社会主義時代の祖国の文学と文化を丸ごとわれわれの精神生活の領域に取り戻すことに成功した。その後、ロシア社会の反動的部分の代表者として蔑視された革命前のロシアの哲学者、作家、芸術家が復権された。したがって、ゴルバチョフのペレストロイカ時代の終わりまでに、特に検閲の完全な廃止以後、われわれは祖国の歴史と文化の中断された流れを復活させることに早くも成功したのである。多くの禁止された作家、哲学者、芸術家、文学者が再び祖国の精神生活の切り離せない一部となった。西欧の文化的、精神的価値を知覚してゆく過程も集中的に展開されたいった。ソ連共産党の絶対的支配とマルクス主義のイデオロギーが一掃された後、広汎な大衆にとって、また時には専門家にとっても以前は手の届かなかった西欧諸国の文化のサンプルを取り入れる集中的過程が社会生活において開始された。それは共産党権力が存在していた最晩年にあってさえ、隔離が維持されていたものである。またこの期間中、先進資本主義諸国がそのようなものだと理解されていた敵のイメージを破壊することに成功した。統一的な世界文化という概念を再生することにも成功した。

だが全世界的文化への統合の過程は、望まれていた程度以上に痛みを伴うものであるということがわかった。近年われわれの社会は、こうした世界に対する急速な開放によるショックと新たな現実への病的な適応過程を耐え抜いているのである。結果として、一九八〇年代終わり頃には早くも再び、予想されるロシア知識人が西欧派とスラブ派へと分裂するという話が始まった。ロシアの独自性喪失の脅威という問題が真剣に討議され始めた。常に最高というわけではない西欧文化のサンプルの蔓延が、民族主義的知識人の猛烈な否定的反応を呼び起こし、ロシアが西欧大衆文化のはきだめへと転化するという脅威を前にして、ロシアの民族文化と独自性を防衛しようとのアピールがますます頻繁に響くようになった。

このようにして、自由な民主主義の価値を基礎とした全世界的な文化的プロセスへのロシアの完全な統合の試みは、再びロシア知識人のかなりの部分に異議と不認容の念を呼び起こした。人類発展の王道への回帰の思想は支配的ではなくなった。ロシアが経済改革の過程で直面した諸々の困難、国家制度の脆弱性、市場環境へ放り出された個々の人間の無防備性、ロシアの新たな国際的な経済、政治制度や安全保障機構への統合の複雑さ、対ロシア関係での西欧の不信や猜疑心といったことが、わが国の多くの市民に自信喪失の感覚を作り出した。大多数のロシアの人々は、旧来の共産主義的な方向性を失い、新たな方向性をとうとう見いだすことができなかったのである。大国たる地位の喪失や、ロシアが経済的、文化的周縁へと転化する脅威が多くの人々に劣等感や西欧から流入するものすべてに対する攻撃的対決への願望を呼び起こしている。経済改革と国家権力の新たなシステムは、社会の多くの最重要問題を処理し切れなかった。結果として、自由な民主主義の諸々の価値と私的所有の確立を予め規定している市場経済は、これからも多年にわたって信用を失墜させたままということになった。

いずれにしても、チャアダーエフによって指摘された四つの分野すべてでの改革と変革の一一年間に、ロシアを悪循環から抜け出させ、先進西欧諸国と同列に置くことができるような巨大な変化が生じたのである。しかしながら、ロシアに全体主義体制のいずれかの変種が樹立される脅威がすでに長期にわたって残っているほどに、変革のテンポは急速で、社会における分裂、精神的、物質的領域においての分化は深いものであった。そのようなことにでもなれば、最近一〇年に蒙ったすべての犠牲が無駄になってしまうのである。実施された大統領選挙は、ロシアにとっての進路選択の問題を最終的に解決はしなかった。しかし共産党に権力が移行した場合には、開かれた経済や政治システムの存在、世界に対して開かれたロシアにとっての脅威、また世界にとっての脅威は何倍にも増大したであろうことは明白である。ロシアがめぐっている悪循環を突破し、経済と政治において新たな関係を確立し、最終的にはみずからの相貌を見いだす上で、今までになく近いところにわれわれは来ているのである。しかし今の相反する状況からは、新たな制度と価値の体系の強化へと動くことも、また改めて後退してしまうこともありうるのだ、ということを明確に自覚することが必要である。チャアダーエフがかくも劇的に提起した問題は今もって未解決のままである。ロシアに、未来はあるのだろうか？

注

（1）「歴史的仮象現象」という用語の解釈は、この概論の中ではより低いものとされている。（一八頁）。

（2）これ以後「公的権力」という用語は、もっぱら新時代の民主主義的政治システムの形成に際して公的な政治の最上位の領域としての立法権力の領域を指すものとして用いられている（二四頁）。

あとがき

二〇世紀のロシア・ソ連ほど、劇的な政治経済的な変動をこうむった地域も少ないであろう。一七年の二度の革命や、三〇年代からのスターリン体制、四五年以降の冷戦から、八五年のペレストロイカ、そして九一年のソ連崩壊、その後のエリツィン大統領のもとでのロシアの変容、である。二〇〇〇年五月にはプーチン大統領は史上初めて、平和的かつ民主的選挙によって前任者エリツィンから権力が移行した。

それでも二一世紀はじめに到るまで、ロシアをめぐる民主化と権威主義体制、市場移行をめぐる経済的変動は、そしてこれをめぐる国際関係の展開、日ロ関係をふくめて、論争的であり続ける。

ロシアははたしてどこへ行こうとしているのか。

法政大学の国際交流プログラムである「日ロ関係・二一世紀のアジェンダ」は、このような問題を国際的に考究するプログラムとして学内外の専門家の御協力を得て、九七年度より九九年度まで開始された。旧ソ連地域の変革と、これが二一世紀の日ロ・日本・旧ソ連地域にあたえる影響を共通の課題・主テーマとして、とくにロシア科学アカデミーの東洋学研究所を窓口に、共同研究を行ってきた。

この研究のひとつの特徴は、エリツィンからプーチン政権へといたる政治変動を重視したこと、そして新しい学問分野である中央アジアなどの変動をロシアとの関連で見ること、をはかったことである。とくに九七年度はウズベキスタンを対象に現地（タシケント東洋大学）への訪問も含めて、学際研究の可能性を探った。

第二年度の九八年には、ロシアの政治過程、そしてCISの現状と課題、そしてその国際的インパクト、ということで国際シンポジウム開催にこぎつけた。提携校である科学アカデミー東洋学研究所のパナーリン教授（CIS研究部）は紙上参加となったが、国際政治経済研究所のミグラニャン教授（大統領会議）、それからウズベク科学アカデミーからも閣僚級の経済学者ツフリエフ氏を招いた。ギンペリソン教授（東大・世界経済国際関係研究所）にも参加を頂いた。

最終年度は、九九年末にエリツィン大統領が期限を残して辞任したこともあり、国際シンポジウム「エリツィン時代の終わり」を二月二一日に開催した。九二年から九九年末に到るエリツィン時代を政治経済と総合的に考察するのが目的であった。とくにこのために招請したシャフナザロフ教授（元ゴルバチョフ大統領補佐官、旧ソ連政治学会会長）、そしてヨーロッパの代表的経済専門家M・エルマン教授（アムステルダム大）が参加した。

この会議を含め、三度のシンポジウムには、イーゴリ・クリャムキン（北大）、V・イワノフ（新潟ERINA）、小町恭士（JICA）、佐藤経明（横浜市大）、島田博（朝日新聞）、田畑伸一郎（北大）、袴田茂樹（青山学院）、溝端佐登史（京大）、和田春樹（東大）、の各氏が討論にたった。また定例研究会には、世界経済国際関係研の政治学者セルゲイ・チュグロフ氏、ノボシビルスクの歴史家ウラジミル・シーシキン氏、モスクワ大のボルジュゴフ氏が参加し、報告をした。学内では、コンスタンチン・サルキソフ、井坂義雄、岡田裕之、小寺浩二、権鐘淵、斎藤稔、鈴木佑司、高橋実、塚本元、羽場久浘子、吉田衆一氏らの協力をいただいた。

石坂悦男氏ら国際関係の担当理事、国際交流センター、法政大学出版局のみなさんにはひとかたならぬ御協力を頂いたことに感謝したい。

二〇〇一年四月一日

下斗米　伸夫（法学部教授）

ロシア変動の構図　エリツィンからプーチンへ

2001年5月7日　初版第1刷発行

編　者　下斗米伸夫
発行所　財団法人 法政大学出版局
〒102-0073 東京都千代田区九段北3-2-7
電話03(5214)5540 振替00160-6-95814
製版・印刷　三和印刷
製本　鈴木製本所
© 2001 Hosei University Press
Printed in Japan

ISBN4-588-62203-X

編著紹介

下斗米伸夫（しもとまい　のぶお）

1948年札幌市に生まれる．東京大学法学部卒．現在，法政大学法学部教授，前朝日新聞客員論説委員．著書に『ロシア現代政治』東京大学出版会，『ロシア世界』筑摩書房，Moscow under Stalinist Rule 1931-34, Macmilann（『スターリンと都市モスクワ：1931-34年』岩波書店）ほか多数．

執筆者紹介（掲載順）

ゲオルギー・シャフナザロフ	ロシア政治学会名誉総裁
下斗米伸夫（しもとまい　のぶお）	法政大学法学部教授
マイケル・エルマン	アムステルダム大学教授
ウラジミル・ギンペリソン	世界経済国際関係研究所（IMEMO）研究員
伊藤　美和（いとう　みわ）	元法政大学非常勤講師
セルゲイ・A・パナーリン	科学アカデミー東洋学研究所研究員
宇山　智彦（うやま　ともひこ）	北海道大学スラブ研究所助教授
アンドラニク・ミグラニャン	モスクワ国際関係大学教授
コンスタンチン・サルキソフ	法政大学法学部客員講師

アジア・太平洋における地方の国際化
鈴木佑司編著――2800円

オーストリア政治危機の構造
細井保著――6200円

吉田茂＝マッカーサー往復書簡集
袖井林二郎編訳――9500円

日米行政協定の政治史　日米地位協定研究序説
明田川融著――7700円

政治の病理学　暴力、裏切り、汚職、秘密主義、宣伝活動
C.J.フリードリヒ　宇治琢美訳――3300円

小独裁者たち　両大戦間の東欧における民主主義体制の崩壊
A.ポロンスキ　羽場久浘子監訳――2900円

中国との再会　1954-1994年の経験
H.マイヤー　青木隆嘉訳――1500円

バベルの塔　ドイツ民主共和国の思い出
H.マイヤー　宇京早苗訳――2700円

ソ連の本質　全体主義的複合体と新たな帝国
E.モラン　田中正人訳――2400円

ソヴェト的生産様式の成立
岡田裕之著――5500円

貨幣の形成と進化　モノからシンボルへ
岡田裕之著――3700円

法政大学出版局
〈表示価格は税別〉